LA FOLIE

Sous la direction de
Raphaël Enthoven

LA FOLIE

avec

Carole Desbarats
Nicolas Grimaldi
Évelyne Grossman
Guillaume Le Blanc
Jean-Claude Margolin
Judith Revel

LES NOUVEAUX CHEMINS DE LA CONNAISSANCE

Fayard / france culture

Ouvrage édité sous la direction d'Anthony Rowley

L'éditeur remercie Adèle Van Reeth

ISBN : 978-2-213-66251-0

Ce livre est issu d'une semaine d'entretiens radiophoniques avec Raphaël Enthoven, sur le thème de la folie, diffusés sur France Culture du 11 au 15 janvier 2010 et le 19 février 2010, dans le cadre des « Nouveaux chemins de la connaissance ». Il a été mis en forme et, par endroits, précisé, grâce à la philosophe Adèle Van Reeth.

Fidèles à leur titre et à leur vocation, « Les Nouveaux chemins de la connaissance » se conçoivent comme une encyclopédie parcellaire, et empruntent les voies de la musique et de la philosophie pour donner, simplement, à penser le réel dans sa complexité.

Raphaël Enthoven en est le producteur depuis août 2007.

La Folie et Foucault

avec Judith Revel

Raphaël Enthoven : « La folie est le plus vif de nos dangers, dit Foucault, et notre vérité peut-être la plus proche. »

Avant d'examiner la folie pour elle-même, avant de prendre le risque, avec la folie, de penser autrement, selon des normes qui déjouent la raison, il est essentiel à titre liminaire d'évoquer les distinctions et la figure cardinale de Michel Foucault qui sut, dans son *Histoire de la folie à l'âge classique,* ne pas réduire la folie à la déraison. Judith Revel, maître de conférences à l'Université Paris I, auteur entre autres d'un très utile *Dictionnaire Foucault*[1], nous servira aujourd'hui de guide en terre foucaldienne.

« Comment, est-ce que je pourrais nier que ces mains et ce corps-ci soient à moi, si ce n'est

1. Éditions Ellipses, 2007. Citons également : *Foucault, une pensée du discontinu*, Mille et une nuits, 2010.

peut-être que je me compare à ces insensés de qui le cerveau est tellement troublé et offusqué par les noires vapeurs de la bile qu'ils assurent constamment qu'ils sont des rois lorsqu'ils sont très pauvres, qu'ils sont vêtus d'or et de pourpre lorsqu'ils sont tout nus, ou s'imaginent être des cruches ou avoir un corps de verre. Mais quoi, ce sont des fous. Je ne serais pas moins extravagant si je me réglais sur leurs exemples[1]. »

« À partir de 1650, on peut dire, je crois, que la folie et la raison sont séparées, sont séparées dans les choses, sont séparées dans les hommes. Les hommes qui sont fous n'ont plus le droit de faire partie de la société. Et au moment où se fait ce partage, où la dissociation entre l'expérience de la déraison et l'expérience de la raison est définitivement sanctionnée, à partir de ce moment-là la folie n'apparaît plus que comme une chose dont la raison va pouvoir s'emparer et sur laquelle la raison pourra spéculer comme sur un objet scientifique. Et la psychiatrie devient possible[2]. »

Ce texte de Descartes, resté fameux, lègue comme souvent à ses successeurs le soin de sortir des impasses qu'il a laissées en héritage ; en particulier ici le moment où Descartes excommunie les fous du cercle de la raison. Descartes semble

1. Descartes, extrait de la « Première Méditation », in *Méditations métaphysiques*, Garnier Flammarion, 1993.

2. Michel Foucault, archives France Culture.

interdire à la pensée d'être insensée ; la pensée ne peut être folle. Foucault a beaucoup parlé de ce texte dans son *Histoire de la folie* en en y voyant le signe d'une démarche consistant à enfermer la folie derrière les barreaux de la raison comme on enferme le fou dans l'institution destinée à le soigner ou à le faire taire. Je voudrais qu'on parte de ce paradoxe typiquement foucaldien : en excluant les fous, à la façon de Descartes, on a fondé une démarche qui fait de la folie un objet de connaissance. Comment comprendre ce double mouvement d'exclusion, d'excommunication de la folie et, en même temps, de son intégration dans la sphère de la raison, de la connaissance ?

Judith Revel : C'est une idée fondamentale chez Foucault concernant la folie, et on la retrouvera par la suite comme une sorte de matrice pour la prison, pour la clinique, pour les institutions disciplinaires : pour pouvoir contrôler, identifier et gérer ce qui se présente comme l'autre de soi, l'autre du même, il faut lui assigner un lieu physique, un lieu institutionnel et un lieu dans l'institution du savoir. Le construire comme objet pour avoir la possibilité d'en produire un discours. Et, finalement, Foucault situe ce moment, le repère symboliquement avec la naissance de l'Hôpital général, en 1656. À partir de ce moment, on définit les fous comme une population cohérente, on leur assigne un lieu, l'hôpital, bien sûr très différent de l'hôpital que l'on connaît aujourd'hui, qui permet le développement d'un savoir, de pratiques et de discours qui vont effectivement identifier la folie en tant que telle, ce qui n'était pas le cas avant. En réalité, la folie innervait jusqu'alors le tissu social, circulait : c'était une parole possible parmi d'autres. Désormais, ce rapport d'exclusion, hors du savoir rationnel, d'exclusion physique, spatiale – puisque les fous prennent la place, chez Foucault, des léproseries, ces lieux où les lépreux avaient été enfermés au Moyen Âge –, à la fois géographique et épistémologique, permet le développement d'un savoir positif.

R. E. : Le développement d'un savoir positif est en même temps conçu comme une négation. La production d'un savoir positif autour de la folie à l'âge classique naît de l'idée que la raison doit prendre le pouvoir sur la déraison à laquelle est réduite la folie.

J. R. : Oui, il est très juste de rappeler le titre entier de la première édition du livre de l'*Histoire de la folie* en 1961, puisqu'il a par la suite changé en 1972, et qui était *Folie et déraison. Histoire de la folie à l'âge classique.* Ce rapport entre la folie et la déraison, c'est-à-dire bien entendu aussi entre raison et déraison, était fondamental. Il exprimait l'idée que le rapport entre le même et l'autre, entre ce que l'on est et la différence absolue par rapport à ce que l'on est, est un rapport absolument dialectique. C'est un renvoi sans fin d'un terme à l'autre, de l'identique à soi à son contraire. C'est nécessaire, parce que ce qui ne me ressemble pas en réalité m'inquiète.

R. E. : C'est un non-moi. Ce qui est une façon de réduire le non-moi à moi...

J. R. : Absolument. La seule manière de faire taire l'inquiétude que ce non-moi, cet *autre*, suscite en moi, c'est de le nommer et de le faire dériver indirectement de moi. Puisque, finalement, la déraison c'est l'« autre de la raison », son génitif : sa différence absolue et, en même temps, ce sur quoi je m'arroge le droit de dire ou de faire des choses. Dans l'expression « mon autre », c'est le possessif *mon* qui est désormais central : la dé-raison c'est le double inversé de la Raison qui est nommé et possédé par la Raison.

> « Pascal : "Les hommes sont si nécessairement fous, que ce serait être fou, par un autre tour de folie, de n'être pas fou." Et cet autre texte de Dostoïevski, dans le *Journal d'un écrivain* : "Ce n'est pas en enfermant son voisin qu'on se convainc de son propre bon sens." Il faut faire l'histoire de cet autre tour de folie – de cet autre tour par lequel les hommes, dans le geste de raison souveraine qui enferme leur voisin, communiquent et se reconnaissent à travers le langage

sans merci de la non-folie ; retrouver le moment de cette conjuration, avant qu'elle n'ait été définitivement établie dans le règne de la vérité, avant qu'elle n'ait été ranimée par le lyrisme de la protestation. Tâcher de rejoindre, dans l'histoire, ce degré zéro de l'histoire de la folie où elle est expérience indifférenciée, expérience non encore partagée du partage lui-même. Décrire, dès l'origine de sa courbure, cet “autre tour” qui, de part et d'autre de son geste, laisse retomber, choses désormais extérieures, sourdes à tout échange et comme mortes l'une à l'autre, la Raison et la Folie[1]. »

R. E. : Judith Revel, l'ambition de Michel Foucault est-elle de s'en prendre à la raison, au sens où la raison aurait le goût d'exclure, c'est-à-dire d'inclure et de ficeler dans ses propres procédures tout ce qui n'est pas elle, ou bien est-elle de penser de façon positive la folie avant sa capture par un savoir rationnel ?

J. R. : C'est la grande ambiguïté du livre de Foucault et c'est ce qui lui a été reproché à la fois par les historiens et par les philosophes : je pense par exemple à la polémique avec Jacques Derrida, en 1963. Le livre a été écrit par Foucault lorsqu'il était encore en Suède à la fin des

1. *Folie et déraison. Histoire de la folie à l'âge classique*, Plon, 1961 ; rééd. modifiée Gallimard, 1972 (coll. « Tel », 1976).

années cinquante, à partir d'un fonds d'histoire de la médecine, qu'il avait trouvé à Uppsala lors d'un séjour qu'il qualifiait de « longue nuit suédoise », vingt mille volumes sur l'histoire de la médecine. D'un côté, c'est un livre d'histoire qui rend compte de la construction de l'objet folie à partir d'une périodisation qui est extrêmement précise. Et, en même temps, il y a en permanence chez Foucault, et c'est une contradiction qu'il assume, l'idée qu'il faudrait pouvoir, il le dit lui-même dans le livre, rendre la folie à elle-même, ou alors faire l'histoire d'une folie d'avant l'histoire de la folie. Restituer la folie d'avant ce partage raison-déraison, qui pourtant constitue la folie comme objet, dire la folie en amont de son objectivation.

R. E. : Et cette « histoire de la folie d'avant l'histoire de la folie », Foucault la conduit de deux manières : à la fois en pensant comme telle la folie médiévale ou renaissante, c'est-à-dire ce dont la folie est capable et dont la raison se prive en abusant de ses propres procédures, mais également en abordant le continent littéraire, dont on reparlera plus tard (et notamment avec Guillaume Le Blanc).

J. R. : Ce qui est très ambigu, c'est qu'on ne revient pas en arrière dans l'histoire. Ce qui est très étonnant aussi – pour la petite histoire, le livre a été publié chez Plon en 1961 parce que

Philippe Ariès avait lu le livre et qu'il était fasciné à la fois par l'analyse historique, le grand style baroque de Foucault et la nouveauté du propos –, c'est l'idée qu'il y a chez Foucault quelque chose qui est de l'ordre d'une fascination presque pré-moderne pour la folie : l'insistance sur la nef des fous, les figures d'avant la Renaissance, etc. C'est comme si, chez Foucault, il y avait la possibilité de sauter en dehors de son propre temps. Et cela est bien entendu très contradictoire par rapport au type d'analyse qu'il livre, qui est fortement lié à un travail de périodisation précise, à une enquête historique. C'est peut-être parce que, parallèlement au travail de l'archéologue qui est le sien, Foucault s'intéresse dans les années soixante à la littérature, à l'expérience de l'écriture, notamment chez Artaud et Kafka...

R. E. : Nerval, Swift...

J. R. : Oui, et même des expériences plus précises encore, à travers des figures comme celles de Brisset, Wolfson, Roussel. On s'approche non pas de la folie en général, mais de quelque chose qui sera un thème très fort chez Foucault à la fin des années soixante, et qui passionne aussi Gilles Deleuze à l'époque : que se passe-t-il lorsqu'on croise le registre de l'expérience littéraire et le registre de la schizophrénie ? Il y a comme un continent qui fascine Foucault – mais, encore une fois, il n'est pas tout seul – : dans l'expérience de l'écriture croisée avec celle de la folie, il y aurait en œuvre comme une expérience de la vérité. C'est très contradictoire avec le propos qui consiste à dire : je vais reconstituer historiquement la manière dont s'est constitué un objet, je vais reconstituer une périodisation épistémologique, je vais reconstituer ce qu'il appellera, avec *Les Mots et les choses*, une *épistémè*.

R. E. : On a là l'essence de la « transdisciplinarité » foucaldienne, le moment où Foucault fait à la fois œuvre objective d'historien des idées tout en élaborant, à la faveur de son travail et d'une objectivité – objectivité prétendue, d'ailleurs : ce n'est pas critiquer Foucault que de dire qu'il prétend à l'objectivité sans pour autant y verser complètement –, une problématisation qui n'appartient qu'à lui, celle de la folie comme telle.

J. R. : Oui, c'est le grand reproche qui lui a été fait à l'époque, et c'est aussi finalement ce que lui reproche Derrida : vous constituez un discours de savoir sur les objets, vous en rendez compte historiquement, alors comment pouvez-vous prétendre en même temps, à l'intérieur même de ce discours, faire une « histoire d'avant l'histoire », selon les termes mêmes de Derrida ?

R. E. : Là où l'argument de Derrida porte ou peut porter, c'est qu'il est plus indulgent que Foucault vis-à-vis de Descartes. Derrida n'a peut-être pas tort, si l'on reconnaît que Foucault permet de penser des choses extravagantes – ouvre la possibilité comme il le dit lui-même, de « penser autrement » – tout en les disant (de la façon la plus classique du monde jusque dans sa voix, presque métallique). Michel Foucault est le penseur classique du vertige qui met le classicisme en difficulté. Voici un autre extrait de cette émission de France Culture, où, revenant sur son *Histoire de la folie*, il explique comment s'est opéré le mélange des genres dans les hôpitaux sous le vocable de « têtes perdues ».

> « À partir de 1656-1657 s'est créé à Paris ce qu'on a appelé l'Hôpital général, qui était une sorte de maison de réclusion, d'internement, de renfermement, où on trouvait mêlés des chômeurs, des mendiants, des agités de toutes sortes, des fils de famille débauchés, des pères qui mangeaient le capital et qui s'en allaient, des libertins, des homosexuels, des protestants, et tout ce monde qui était, pour des raisons diverses, refusé et exclu par la société, tout ce monde comprenait également des gens qui étaient fous. Et on trouve sur les registres d'internement de Bicêtre et de la Salpêtrière, qui étaient les deux principales maisons de l'Hôpital général, on trouve sur ces registres, qui sont encore actuellement à la Bibliothèque de l'Arsenal,

aux archives de la Bastille, des mentions comme celle-ci : “un tel, tête perdue”. Tête perdue, qu’est-ce que ça voulait dire ? Eh bien, quand on a quelques recoupements, on peut s’apercevoir que c’était ou bien quelqu’un qui était effectivement un fou et qui avait pu être soigné comme tel, dans sa famille, par exemple. Ou bien il était “tête perdue” parce qu’il était débauché, ou il était “tête perdue” parce qu’il écrivait des romans érotiques, ou il était “tête perdue” parce qu’il était protestant et qu’il refusait de renier sa religion. C’est-à-dire que certains malades, pour des raisons qui sont assez difficilement définissables, continuent à être traités comme malades, et puis alors tous les autres sont pris à l’intérieur d’une sorte de grand mouvement de ségrégation qui les abolit comme malades, et ne les définit que comme exclus. »

Le contraste est étonnant entre le propos de Michel Foucault, qui revient sur les blessures qu’une pensée de l’altérité peut infliger à une pensée occidentale sûre de son fait et, encore une fois, la voix, j’allais dire follement rationnelle, follement classique, dont il enrobe son propos. Comment penser ce contraste dans le travail même de Michel Foucault, contraste qu’on retrouve dans les textes eux-mêmes, à la facture extrêmement classique et au propos constamment abyssal et vertigineux ?

J. R. : Je crois que cette contradiction, c’est tout le plaisir de lire Foucault. Dans cet extrait, ce qui est extrêmement frappant, c'est qu'il y a en permanence ce balancement entre une référence aux archives (la Bastille, l'Hôpital général, c'est-à-dire les sources historiques) et cette idée que, dans ces archives, se dit quelque chose qui va au-delà d'une construction historique. C'est sur ce clivage permanent que la pensée de Foucault se construit dans les années soixante. Ce qui est amusant c'est qu'il y a des choses qui vont perdurer dans les années soixante-dix. Par exemple, je regardais récemment le cours intitulé *Les Anormaux*, donné au Collège de France en 1974, qui reprend des thématiques ouvertes par l'*Histoire de la folie* treize ans auparavant. Foucault y fait une sorte de généalogie des figures des anormaux et des peurs qui leur sont associées. Il prend la typologie du monstre humain, du monstre naturel, la typologie de l'incorrigible, celui qu'on n'arrive pas à dresser, l'onaniste...

R. E. : ... l'homosexuel également.

J. R. : Bien sûr. Or dans le passage qu'on a cité tout à l'heure, on avait le même type de démarche : qui trouve-t-on à l'Hôpital général ? À la fois des criminels, des chômeurs, des pauvres, des fous qui n'ont d'autre statut que celui de leur exclusion, dit-il. On est dans la démarche historique, dans la recension soigneuse de figures sociales...

R. E. : Et ceux également que la société de l'époque tient pour fous en vertu des normes qui sont les siennes et qu'elle a indûment érigées comme valeurs absolues.

J. R. : Bien sûr, c'est le cas aussi des vagabonds, etc. Et finalement c'est toute cette « populace » non susceptible de catégorisation qu'on va enfermer pour lui donner une identité, une image, un lieu et un nom. Je pense que la « nomination » et l'« identification » sont fondamentales dans cette espèce d'exclusion inclusive dont on parlait tout à l'heure. Et en même temps, quand Foucault dit : « Qu'est-ce qu'on appelle fou à partir du milieu du XVIIe siècle ? », il y a tout le temps cette espèce de poussée interne chez lui, qui le conduit à dire : « Il y a dans la folie quelque chose comme une parole sauvage », c'est-à-dire quelque chose qui ne rentre pas sous le coup de ce qu'il appellera plus tard l'« ordre du discours », quelque chose qui nous échappe, nous tourmente, nous inquiète et nous fascine. On pourrait faire la liste, dans les textes de Foucault, de cette espèce de fascination pour ce qui ne se dit pas ou ne se nomme pas – et on trouverait des quantités absolument infinies d'allusions, de références : c'est Pierre Rivière, le parricide aux yeux roux, ce sont les *infâmes* dont il parlera en 1977, etc. Ce qui est amusant, c'est qu'on peut trouver bien évidemment des sources ou des lignages philosophiques à cette fascination de Foucault. Il est évident qu'il y a tout un lignage qui passe par Bataille, par Breton, par les surréalistes : c'est donc Foucault lecteur de *Nadja,* par exemple. Mais c'est aussi Foucault reprenant l'idée de l'expérience cruciale, de l'expérience limite telle qu'elle était pensée par la phénoménologie. On peut faire la généalogie de cette fascination-là. Et en même temps, il y a quelque chose qui change profondément avec les analyses foucaldiennes, je crois : même si le rêve de redonner voix à la folie en tant que telle, de faire une histoire de la folie d'avant le partage raison-déraison est tenace, le travail foucaldien, malgré tout, ne renonce jamais à l'histoire. Finalement, on ne reviendra pas au Moyen Âge, finalement la folie sauvage, ou la folie libérée du carcan dans laquelle la raison l'avait enfermée, ne sera pas restituée. Il y a certes cette idée qu'on peut briser les carcans de l'Histoire. Mais ce n'est pas en sortant de l'Histoire, c'est en changeant l'Histoire. Cela donnera tout le thème, dans le Foucault des dernières années, de la différence – par contradiction avec cet autre terme qu'on avait cité tout à l'heure et qui était celui de l'altérité –, entendu comme « l'autre du même » (la folie comme autre de la raison, comme déraison).

R. E. : Justement, Judith Revel : est-ce qu'il n'y a pas encore une fois contradiction chez Foucault entre la façon rigoureuse dont les choses sont présentées et le propos qui en lui-même « ouvre » justement sur une véritable folie, ou la possibilité d'une véritable folie ? Foucault reproche à Descartes d'« altériser » la folie, si j'ose dire, de la mettre de côté, d'en faire un autre, de ne pas envisager la possibilité de la folie *en elle-même* – de ce point de vue, d'ailleurs, Kant, qui pensera la possibilité pour la raison de devenir folle, de devenir ivre d'elle-même, constitue une véritable valeur ajoutée par rapport à Descartes. Mais Foucault, malgré les professions de défiance et de foi qui sont les siennes, maintient le geste cartésien par un rapport de fascination, mais un rapport de fascination qui demeure un rapport de distinction. Pour le dire plus simplement, Foucault sait que lui-même n'est pas fou, il sait qu'il ne faut pas être fou pour penser une folie propre à la raison elle-même et le fait que vivre sans folie n'est pas une marque de sagesse. Est-ce qu'il ne lui manque pas le grain de folie qu'il semble appeler de ses vœux et au nom duquel il combat le cartésianisme ?

J. R. : C'est vrai. D'abord, à propos de Descartes, je crois qu'il y a deux niveaux de discours chez Foucault. Le premier consiste à dire, effectivement, que Descartes a, le premier, assis le privilège absolu de la raison, qui passe aussi par le privilège de pouvoir parler de son propre *dehors*, c'est-à-dire de la folie. Descartes a donc « altérisé » la folie. Mais il y a aussi l'idée qu'il l'a « évacuée ». En effet, dans l'économie du texte de la première *Méditation* que l'on a citée tout à l'heure, le passage sur la folie est très rapide, puisque Descartes passe immédiatement à l'argument du rêve, puis à celui du malin génie. Foucault dit : c'est comme si, au lieu de contourner l'obstacle, Descartes l'avait évacué purement et simplement. Ne pouvant l'évacuer radicalement, il n'en parle pas, il passe à autre chose. Parce que la folie est menaçante. C'est le premier point. Le deuxième : Foucault n'est pas assez fou pour parler de la folie...

R. E. : C'est l'ambiguïté sur laquelle on va travailler tout au long de notre réflexion commune sur la folie, en particulier avec Artaud. On ne sait jamais avec Artaud (comme avec Nietzsche) s'il regrette de ne pas être assez fou, ou si, au contraire, il regrette de l'être déjà trop, et d'être, du coup, incapable de restituer tout ce qu'il a vu.

J. R. : Oui, on en revient à la polémique intéressante entre Foucault et Derrida. Très brièvement : Derrida fait une conférence à l'invitation de Jean Wahl, en 1963, reprise plus tard dans *L'Écriture et la différence* en 1967, qui s'appelle « Cogito et histoire de la folie », où il reproche précisément à Foucault sa prétention à vouloir faire une histoire d'avant l'Histoire, ou de rendre compte de quelque chose qui serait existant avant l'Histoire, c'est-à-dire avant même la possibilité de produire du savoir objectif. L'histoire, c'est l'écriture objective des choses, c'est leur mise en mots au nom de la Raison. Et, finalement, il dit à Foucault : au-delà de la polémique strictement cartésienne sur l'interprétation de la première *Méditation*, vous jouez sur les deux tableaux parce que vous vous présentez comme un historien des systèmes de pensée et qu'en même temps, vous dites en permanence le dehors de votre propre discours. Or, vous ne pouvez être des deux côtés à la fois. C'est la première chose. La deuxième, qui est un thème récurrent chez Derrida, c'est celui de la parole soufflée. Vous parliez d'Artaud : c'est exactement de cela qu'il s'agit. Le problème que se pose Derrida, et qu'il pose par rebond à Foucault, c'est celui-ci : comment rendre compte d'une parole de folie, sinon dans les termes de la raison elle-même ? Comment écrire la folie, sinon dans les termes de la raison ? À moins de faire cet autre exercice d'écriture, qui est celui de la littérature ou de la poésie.

> « [...] Je conteste ce qui est admis d'ordinaire : que les progrès de la médecine pourront bien faire disparaître la maladie mentale, comme la lèpre et

la tuberculose ; mais qu'une chose demeurera, qui est le rapport de l'homme à ses fantasmes, à son impossible, à sa douleur sans corps, à sa carcasse de nuit ; que le pathologique une fois mis hors circuit, la sombre appartenance de l'homme à la folie sera la mémoire sans âge d'un mal effacé dans sa forme de maladie, mais s'obstinant comme malheur. À dire vrai, cette idée suppose inaltérable ce qui, sans doute, est le plus précaire, beaucoup plus précaire que les constances du pathologique : le rapport d'une culture à cela même qu'elle exclut, et plus précisément le rapport de la nôtre à cette vérité de soi-même, lointaine et inverse, qu'elle découvre et recouvre dans la folie[1]. »

R. E. : Après avoir réfléchi sur l'« exil » cartésien de la folie, ou la façon dont Descartes excommunie la folie en faisant valoir que l'homme peut être fou mais que la pensée, elle, ne peut être insensée, il faut en venir aux privilèges de la folie comme telle, à la figure du fou comme dépositaire possible d'une vérité dont la raison nous prive. C'est ici que la littérature entre en jeu...

J. R. : Ce qui est très particulier à Foucault, et qui le sauve assez rapidement des reproches

1. Michel Foucault, « La folie, absence d'œuvre », *La Table ronde*, n° 196, 1964, texte qui deviendra l'un des deux appendices à la nouvelle édition de l'*Histoire de la folie* en 1972.

qu'on lui adresse, c'est qu'au lieu de penser : « Qu'est-ce qu'une pensée insensée ? », ce qui l'enfermerait dans une variante du cartésianisme, d'où on ne sort pas, il se pose en réalité le problème du langage. C'est l'idée que la seule possibilité de sortir de ce carcan de la raison moderne, c'est de travailler non sur les mots eux-mêmes, qui sont ce qu'ils sont, mais sur la codification du langage lui-même, sur la structure qui lie ensemble les mots signes, et qui construit l'ensemble du langage.

R. E. : Il y aurait un langage qui manifeste une part non soluble d'altérité en nous.

J. R. : Exactement. C'est quelque chose qu'on peut trouver aussi chez Lacan, par exemple, l'idée que l'inconscient est structuré comme un langage. Non pas comme *le* langage, comme on le croyait, mais comme *un* langage. Il y a donc une variation possible des structures linguistiques, il y a non seulement des langues historiques, mais une pluralité de langages, irréductibles les uns aux autres. L'inconscient ne se laisse pas dire par le langage de la conscience. Mais il y a aussi chez Foucault l'idée que dans une certaine expérience de la littérature il y a des gens qui, sans pour autant utiliser des mots bizarres ou étranges – sinon on est dans le cas de la chimère de Descartes : on fait du bizarre avec ce qu'on a déjà sous la main, avec du *déjà-là*, et le *déjà-là* est déjà à l'intérieur du champ rationnel – lient autrement les éléments qui sont déjà là. Au lieu de penser inventer de l'étrangeté à travers la production de mots nouveaux – qui se révèlent n'être en réalité que des variations ou des collages d'éléments pré-existants –, Foucault se dit que c'est l'invention d'un nouveau codage qui peut permettre l'introduction d'une véritable différence par rapport à ce qui est. C'est ce problème de la structure qui va permettre à Foucault une autre approche de la littérature, parce que finalement les littérateurs qui l'intéressent sont tous des gens qui travaillent sur le code, qui le déconstruisent. C'est le cas de Roussel, par exemple.

R. E. : *Comment j'ai écrit certains de mes livres*. Foucault fait grand cas de Roussel.

J. R. : C'est absolument passionnant parce que Foucault dit que ce qu'invente Roussel, c'est finalement une structure de labyrinthe. C'est quelqu'un qui, par exemple, dans *Comment j'ai écrit certains de mes livres*[1], dit : je vais vous livrer le secret de mon travail. Et Foucault commente : plus ça avance, moins on comprend. Roussel nous donne la clé, et plus on utilise la clé, plus la porte se verrouille. C'est une idée

1. Raymond Roussel, *Comment j'ai écrit certains de mes livres* (posthume, 1935), rééd. 10/18, 2001.

assez formidable. C'est cette matrice-là, cette espèce de construction rousselienne qu'il appliquera ensuite à Nerval, à Sade, à Kafka, à toute une série d'auteurs. C'est une façon de dire aussi ce qu'il est lui-même, Michel Foucault : plus on croit le cerner, plus il est ailleurs. Plus vous me demandez qui je suis, plus je fuis...

R. E. : Plus ce que je dis est souple, également...

J. R. : Bien sûr.

R. E. : Quand il parle de Roussel, il dit : « La forme du livre de Roussel, solennellement ultime, le soin avec lequel elle a été tout au long retardée pour venir à échéance au moment de la mort, transforme en énigme le procédé qu'elle met au jour. » Mais laissons Roussel de côté et venons-en au *Neveu de Rameau,* à la place très importante que Foucault accorde à ce livre de Diderot. La figure du *Neveu de Rameau,* comme l'interprète de cette *altération* possible, de cette *altération* littéraire, cette façon qu'a la littérature de restituer – plus que la philosophie, peut-être, encombrée de concepts – le devenir-autre propre à chaque individu à travers la figure bigarrée, le costume d'Arlequin que constitue *Le Neveu de Rameau*...

« Le personnage du fou fait sa réapparition dans *Le Neveu de Rameau*. Une réapparition en forme de bouffonnerie. Comme le bouffon du Moyen

Âge, il vit au milieu des formes de la raison, un peu en marge puisqu'il n'est point comme les autres, mais intégré pourtant puisqu'il est là comme une chose, à la disposition des gens raisonnables, propriété qu'on se montre et qu'on se transmet. On le possède comme un objet. Et aussitôt lui-même dénonce l'équivoque de cette possession, car s'il est pour la raison objet d'appropriation, c'est qu'il est pour elle objet de besoin. Besoin qui touche au contenu même et au sens de son existence : sans le fou la raison serait privée de sa réalité, elle serait monotonie vide, ennui d'elle-même, désert animal qui lui rendrait présente sa propre contradiction. Maintenant qu'ils ne m'ont plus, que font-ils ? Ils s'ennuient comme des chiens. Mais une raison qui n'est elle-même que dans la possession de la folie cesse de pouvoir se définir par l'immédiate identité avec soi et s'aliène dans cette appartenance. Celui qui serait sage n'aurait point de fou, celui donc qui a un fou n'est pas sage ; s'il n'est pas sage, il est fou, et peut-être, fût-il roi, le fou de son fou. La déraison devient la raison de la raison. Dans la mesure même où la raison ne la reconnaît que sur le mode de l'avoir[1]. »

R. E. : Deux éléments, peut-être, dans ce commentaire que Michel Foucault propose du *Neveu de Rameau*. D'abord, la position sociale du

1. *Histoire de la folie*, *op. cit*.

neveu, qui est le fou des maisons : c'est un des domestiques, il appartient aux maisons au titre de bouffon. Tel le fou de Foucault, Rameau est exclu parce qu'intégré, ou intégré comme l'exclu, anastomosé au corps bourgeois comme l'incontrôlable altérité qui en fait les délices. Mais il est important de remarquer aussi que le neveu de Rameau ne cesse de fonctionner par syllogismes qui font vaciller, rationnellement, l'usage que le philosophe fait lui-même de la rationalité. Comme dit Foucault : la déraison devient la raison de la raison. De fait : « Celui qui serait sage n'aurait point de fou, celui donc qui est un fou n'est pas sage, s'il n'est pas sage, il est fou », c'est un syllogisme, et pourtant c'est la parole du fou. Est-ce qu'il n'y a pas, cette fois-ci, non plus une intégration de la folie dans les cadres de la raison, mais, au contraire, une utilisation de la raison par le fou lui-même ?

J. R. : Il y aurait bien des choses à dire ! D'abord, sur la fonction sociale du fou, du fou des maisons, comme vous le rappeliez très justement. On mesure toute la distance qu'il peut y avoir à citer le fou des maisons au XVIIIe siècle et la figure du bouffon telle qu'elle pouvait être conçue à la fin du Moyen Âge et au début de la Renaissance. Parce que finalement c'est un fou qui a une place, qui est inclus et contrôlé, mais qui n'a plus aucune valeur de vérité, dont la parole n'est plus de vérité. C'est un fou domestique. C'est la première chose. La deuxième, c'est qu'à faire jouer le syllogisme en question on aboutit à une sorte de réversibilité qui fait que la folie devient celle qui peut s'arroger le pouvoir de parler de la raison, et non plus le contraire. En même temps c'est formidablement ambigu, parce que...

R. E. : ... parce que cela crée un rapport de pouvoir/contre-pouvoir.

J. R. : Exactement. On retourne certes le rapport de pouvoir, mais on reste dans une dialectique sans fin entre la raison et son autre.

R. E. : Mais que recherche Foucault quand il parle de la folie, sinon justement un renversement des termes mêmes de la dialectique qu'il pose ? Comme si la folie était le ciment de la raison... Je crois même que c'est une expression qui vient de lui.

J. R. : Oui. Et en même temps, je pense que, si on en reste là, cela veut dire qu'au mieux la folie peut retourner ou renverser son autre, devenir l'autre de l'autre, et prendre une position qui est une position dominante. Dans l'Histoire, ces décalages ou ces translations de pouvoir, ou de privilège épistémologique, se sont produits à maintes reprises. Mais on reste dans la même structure. Je pense que quand Foucault nourrit le rêve de « restituer la folie à elle-même », quand il parle de « folie sauvage », il y a cette idée d'une extériorité qui sortirait de ce cercle dialectique entre folie et déraison. Finalement, quand il parle des expériences littéraires qui le fascinent parce que ce sont celles-là qu'il a en tête, il se dit que, peut-être, là, on n'est plus dans l'ordre d'un renvoi de l'un à l'autre, ou de l'autre à l'un, que peut-être, là, la dialectique a volé en éclats. Parce qu'un contre-pouvoir, ce n'est jamais qu'un autre pouvoir, et que c'est ça, le vrai enjeu. Quand il lit Roussel, Artaud, Brisset ou Wolfson, on n'est plus dans l'ordre du pouvoir et de son « autre ». On est dans la différence absolue. Il n'y a plus de renvoi possible. À quelle condition cette expérience-là, sans renvoi possible, est-elle précisément envisageable ?

R. E. Parce qu'il reste un langage, il reste des phrases parfaitement structurées. Il reste un art parfaitement rigoureux et consommé. Chez Artaud, il y a peut-être un moment où le langage dévisse, comme chez Joyce ou d'autres, mais il y a quand même l'utilisation d'un langage qui obéit à des codes.

J. R. : Oui et non… Oui, bien sûr, je pense qu'il y a un romantisme de cette idée de la « *folie du dehors* », etc. Foucault est influencé à la fois par Bataille et, beaucoup, par Blanchot…

R. E. : … Bataille est très didactique.

J. R. : Oui, mais en même temps il y a encore chez Bataille l'idée d'une transgression, d'un renvoi dialectique entre la transgression et la limite : parce que la transgression est la transgression de la limite, et que la limite est ce qui confirme la transgression dans son œuvre de négation, à l'infini. On est encore dans un cercle dialectique. Chez Blanchot, c'est déjà plus compliqué. Ce qui fascine Foucault, et qui va le pousser à se concentrer de plus en plus sur des écritures, ou des littératures qui sont liées à la schizophrénie, à l'écriture ou à la parole psychotiques – et encore une fois il n'est pas le seul : c'est très constant chez Deleuze à la même époque –, c'est l'idée que, chez les psychotiques, est en œuvre quelque chose de l'ordre de la déconstruction des codes. Le problème est donc le suivant : dans l'expérience de l'écriture psychotique (il faut penser à Brisset ou à Wolfson, etc.), que reste-t-il du sujet ? du projet ? L'idée d'une différence absolue, irréductible, obtenue par déconstruction de la codification du langage, ne supprime-t-elle pas l'idée même d'*expérience* ?

R. E. : Jusqu'où peut-on aller trop loin dans cet éloge de la psychose ? Au tout début de son livre sur Van Gogh, Artaud écrit ceci : « Une société tarée a inventé la psychiatrie pour se défendre des investigations de certaines lucidités supérieures, dont les facultés de divination la gênaient[1]. » On a envie de dire : pourquoi pas ? Il n'y aurait pas de littérature ni de poésie si certains humains, peut-être plus lucides que d'autres, d'une lucidité divinatoire, n'étaient pas capables de percevoir et de restituer ce que d'autres sont incapables de voir, prisonniers qu'ils sont de la routine ou du préjugé et qui, tout simplement parce qu'ils sont rationnels, ne peuvent pas être fous. Mais, en même temps, est-ce qu'on ne peut pas retourner cet argument et dire, à la suite de Michel Foucault, qu'il serait fou de considérer, par exemple, que si on supprimait les asiles on supprimerait par là-même la folie, qu'au fond la folie serait presque une invention de la psychiatrie, de la même façon qu'elle serait réduite à la déraison par Descartes ? Est-ce qu'il n'y a pas une possibilité, voire une nécessité, de renverser l'argument de Foucault ? Dans quelle mesure délirent ceux qui, à la suite de Foucault, ont pu dire que la folie était une invention de l'asile ? Leur argumentaire n'est-il pas excessif ?

J. R. : Oui et non.

R. E. : C'est le discours d'Artaud...

1. Antonin Artaud, *Van Gogh, le suicidé de la société*, Gallimard, coll. « L'Imaginaire », 1974 et 2001.

J. R. : Il y a plusieurs choses. Dans la position d'Artaud, ce qui est extrêmement intéressant, c'est qu'il se réfère toujours à un individu. Il y a des individus supérieurs, et moi-même, dit-il, j'ai, en tant qu'Antonin Artaud, une expérience de la lucidité totale. Foucault, lui, et pour de multiples raisons – et parce qu'on est dans un contexte général de critique radicale du sujet en ce début des années soixante –, ne s'intéresse absolument pas à ça. Il y a un texte formidable : *Rousseau juge de Jean-Jacques*[1], dans lequel Foucault dit : ce n'est pas l'auteur qui est délirant, c'est une œuvre qui est délirée ; ce n'est pas celui qui écrit qui est intéressant, c'est ce qu'il produit, c'est la forme même du langage en tant qu'elle est déconstruite et reconstruite, décodifiée et recodifiée autrement. Le problème de l'individu n'est donc pas quelque chose dont Foucault parle à cette époque, il le fera plus tard. Quant à la folie comme production de l'asile, c'est bien sûr excessif...

R. E. : Que reste-t-il chez Foucault de l'objectivité elle-même, c'est-à-dire d'une folie pathologique, clinique, caractérisée ? Quelle place fait-il à ce discours-là sur la folie ?

1. Michel Foucault, « Introduction » à J.-J. Rousseau, *Rousseau juge de Jean-Jacques*, Armand Colin, 1962, repris ici dans *Dits et écrits*, Gallimard, 1994, vol. 1.

J. R. : Foucault a souvent été, et d'ailleurs de manière assez contradictoire – parce qu'il n'en faisait pas partie, c'était un regard qui a faussé en partie ses propos –, associé à l'antipsychiatrie. Dans les expérimentations qui sont faites à la même époque par Laing et par Cooper, dans le discours de Goffman – *Asylums* est de 1961, la même année qu'*Histoire de la folie* –, dans les tentatives de Franco Basaglia en Italie pour ouvrir les asiles ou pour détruire la structure même des lieux d'enfermement de l'époque, il y a cette idée qu'on peut créer d'autres lieux qui ne soient plus, ou qui ne correspondent plus aux vieilles institutions grillagées qui contraignaient les fous, physiquement et spatialement, à l'enfermement. Les antipsychiatres n'ont pas pour autant renoncé à la thérapie, par exemple, ils ont simplement modifié la structure-même de l'institution.

R. E. : C'est-à-dire ?

J. R. : C'est-à-dire qu'ils n'ont pas nié la réalité de la pathologie du mal-être et de la souffrance, ils ont simplement dit que ce n'était pas en enfermant, en désignant et en nommant, c'est-à-dire en identifiant et en objectivant, qu'on pouvait construire des parcours thérapeutiques, et qu'il fallait peut-être tenter le contraire, c'est-à-dire des parcours non pas d'objectivation – je te nomme et je t'identifie dans ta différence, je te possède par mon savoir, je te considère comme mon objet de pratiques et de discours – mais des parcours de subjectivation : comment puis-je faire en sorte que quelqu'un qui vit une réalité de souffrance psychiatrique puisse recommencer à se construire comme sujet ? Et c'est un point de vue qui est assez différent. C'est aussi ce qu'a fait Félix Guattari à La Borde, pour citer un exemple français contemporain de Foucault. On peut réouvrir des possibilités de subjectivation dans la vie elle-même, dans le tissu social, par la réinsertion des patients au sein de réseaux d'affects, de partage, de travail, de coopération...

R. E. : C'est une question qu'on posera demain également en parlant d'Artaud et justement de son séjour à l'asile et des *Lettres de Rodez* qui sont un chef-d'œuvre, celui d'un homme qui fait justement l'expérience de la folie et qui, par une grâce étonnante, est pourtant capable de la restituer. On va finir cette émission avec Michel Foucault lui-même, la voix de quelqu'un dont les mauvais esprits – ou les bons – disent que pour le meilleur elle est folle. Je vous laisse juges.

> « Il me semble que c'est à la fin du XVIIIe siècle, pratiquement à l'époque de la Révolution, qu'on a posé ce grand principe que quelqu'un qui devait être mis en prison ne devait pas être mis à l'hôpital, et inversement, que quelqu'un qui était mis dans un hôpital ne devait pas être traité comme un prisonnier. Et il me semble que le partage s'est

> fait dans un contexte politique et historique très précis, lorsque la grande politique confuse de l'internement a été remise en question, à partir de 1789, pour des raisons politiques évidentes. La prise de la Bastille n'est en somme qu'un des épisodes dans cette grande mise en question de la politique d'internement qui avait été la politique policière de tout l'Ancien Régime. Autrement dit, l'internement a cessé de valoir pour les prisonniers politiques et pour tout un tas de délinquants mineurs, et la politique de l'internement a été appliquée aux seuls fous à partir de 1792-1793[1]. »

Je signale pour ceux qui comme moi n'ont pas, ou très peu, lu les travaux de Michel Foucault, deux anthologies excellentes, l'une et l'autre, l'*Abécédaire de Michel Foucault*, sous la direction de Stéfan Leclerq[2], et l'anthologie de ses textes philosophiques, sous la direction d'Arnold Davidson et de Frédéric Gros[3].

---

1. Michel Foucault, archives France Culture.
2 Éditions Sils Maria/Éditions Vrin, 2004.
3. Michel Foucault, *Philosophie. Anthologie*, Gallimard, coll. « Folio essais », 2004.

La Folie et Antonin Artaud

avec Évelyne Grossman

« Les asiles d'aliénés sont des réceptacles de magie noire, conscients et prémédités, et ce n'est pas seulement que les médecins favorisent la magie, par leur thérapeutique qu'ils raffinent, c'est qu'ils en font. S'il n'y avait pas eu de médecins, il n'y aurait pas eu de malades : car c'est par les médecins, et non par les malades, que la société a commencé. Ceux qui vivent, vivent des morts, et il faut aussi que la mort vive. Il n'y a rien comme un asile d'aliénés pour couver doucement la mort, et tenir en couveuse les morts. Cela a commencé quatre mille ans avant Jésus-Christ, cette technique thérapeutique de la mort lente. Et la médecine moderne, complice en cela de la plus sinistre et crapuleuse magie, passe ses morts à l'électrochoc ou à l'insulinothérapie, afin de bien, chaque jour, vider ses haras d'hommes de leur moi, et de les présenter ainsi vides, ainsi fantastiquement disponibles et vides, aux obscènes sollicitations anatomiques et atomiques de l'état appelé "Bardo". Livraison du barda de vivre aux exigences du non-moi. Le Bardot est l'affre de mort dans lequel le moi tombe en flaque, et il y a dans l'électrochoc un état flaque, par lequel passe tout traumatisé. Ce qui lui donne non plus à cet instant de connaître, mais affreusement et désespérément méconnaître ce qu'il fut quand il était soi. J'y suis passé et ne l'oublierai pas[1]. »

Raphaël Enthoven : Nous sommes en compagnie d'Évelyne Grossman, professeur de littérature française à l'Université Paris VII, et à qui l'on doit notamment l'édition des œuvres d'Antonin Artaud dans la collection « Quarto » chez Gallimard[2]. Évelyne Grossman, « s'il n'y avait pas eu de médecins, il n'y aurait jamais eu de malades », dit Antonin Artaud. Et dans le très beau, le magnifique texte qu'il consacre à Van Gogh (dont on ne sait pas trop si ce n'est pas un texte de Van Gogh sur Antonin Artaud d'ailleurs), Artaud dit, à la fin de la première page : « C'est

1. « Aliénation et magie noire », enregistré en 1946 au Club d'essai de la radio (*Œuvres*, Gallimard, coll. « Quarto », 2004, p. 1138).

2. Auteur également de *Artaud, « l'aliéné authentique »*, Léo Scheer, 2003, et de *Antonin Artaud, un insurgé du corps*, Gallimard, coll. « Découverte », 2006.

Signalons aussi l'existence d'un double DVD sur Antonin Artaud, disponible chez Arte Vidéo, qui est l'œuvre de Gérard Mordillat et Jérôme Prieur.

ainsi qu'une société tarée a inventé la psychiatrie pour se défendre des investigations de certaines lucidités supérieures, dont les facultés de divination la gênaient[1]. » Est-ce qu'on peut dire du propos d'Artaud sur les asiles qu'il ressemble – tout en précédant Michel Foucault – au renversement néo-foucaldien selon lequel c'est l'asile qui engendre la folie plus que l'inverse ? Il faut dire qu'à la différence de Foucault Artaud parlait en connaissance de cause...

Évelyne Grossman : Effectivement, il en parlait en connaissance de cause puisqu'il a passé quasiment neuf années de sa vie (de septembre 1937 à mai 1946) dans des asiles d'aliénés, enfermé dès son retour d'Irlande sous un diagnostic un peu confus, dont on ne saura jamais exactement ce qu'il était : schizophrénie, paranoïa, paraphrénie. Est-ce que l'asile crée la folie ? Ce n'est peut-être pas exactement la question qu'il pose, qui serait plutôt : est-il vraiment légitime de qualifier quelqu'un de fou ?

R. E. : Il y a, me semble-t-il, dans le rapport qu'entretient Artaud avec sa propre « pathologie » – je mets le mot entre guillemets puisque c'est le vocabulaire des médecins –, une ambivalence ou une ambiguïté. Artaud désire-t-il en un sens le

1. Antonin Artaud, *Van Gogh, le suicidé de la société*, *op. cit.*, p. 26.

dérangement ou le trouble qui est le sien, dans la mesure où celui-ci lui permet d'accéder à un ordre supérieur, à des vérités supérieures ? ou bien regrette-t-il ce trouble dans la mesure d'abord où c'est une cause de souffrance, et dans la mesure également où il ne lui permet pas de restituer tout ce que sa « folie » – je mets là encore le mot entre guillemets – lui permet d'entrevoir ?

É. G. : Il est difficile en effet de savoir exactement quelle est la position d'Artaud, si tant est qu'on puisse parler de « position ». Il faut d'abord dire qu'il n'a pas le choix et ensuite qu'il fait incontestablement de la folie une arme, une arme pour écrire, une arme contre la société. Il revendique à la fois le fait d'être fou et se défend de l'être. De toute façon, on a toujours des positions extrêmement difficiles à saisir chez Artaud du point de vue de nos propres rationalités : blanc et noir, vrai ou faux. Lui, en l'occurrence, essaie toujours de tenir les deux discours à la fois : je suis fou, mais je ne le suis pas. Je suis fou, et je le revendique. La folie, dans toutes sortes de définitions qu'il en donne, c'est la part surhumaine de l'homme, c'est ce que la société a essayé de châtrer en l'homme pour lui interdire de parler et d'avoir accès à certaines vérités d'ordre supérieur qui menaçaient cette société dont il ne voulait rien entendre. C'est une position un peu romantique, si l'on veut, celle d'un fou visionnaire, inspiré, celui qui a accès à un certain nombre de vérités qui nous sont totalement inaccessibles...

R. E. : On va revenir là-dessus à propos de sa correspondance extraordinaire, entre autres les onze lettres qu'il a écrites à Jacques Rivière. Artaud parle des électrochocs qui ont pour effet de vider les individus de leur moi : là encore, il y a une ambiguïté, dans la mesure où Artaud, dans bien d'autres textes, ne cesse de vanter justement l'aptitude qui est la sienne à se débarrasser de son moi et précisément à se rendre disponible à ces divinations supérieures. Regrette-t-il ces électrochocs qui le dépouillent de lui-même, ou bien en appelle-t-il, au contraire, à toutes les procédures qui lui permettent de se débarrasser de ce qui, dans le moi, le sépare du monde ?

É. G. : Il faut dire en effet qu'il a subi à l'asile de Rodez un grand nombre d'électrochocs qui, à l'époque, étaient pratiqués sans anesthésie. C'est donc la traversée d'une douleur extraordinaire. Car c'est d'abord cela les électrochocs : la souffrance, avant même ce passage par une sorte de mort, de vide, de néant qu'il éprouve lorsqu'il les subit. Il ne revendique absolument pas cette déperdition du moi que l'on doit vivre sous électrochoc. Bien au contraire, il a passé son temps à accuser Ferdière, le médecin psychiatre de Rodez, de lui faire subir une torture. Cela dit, les électrochocs sont encore pratiqués de nos jours dans certaines applications thérapeutiques et sous anesthésie. Il ne faut donc pas non plus faire passer Ferdière pour une sorte de barbare. Je le dis parce vous savez qu'il y a eu toute une série de discours sur ce psychiatre qui aurait « torturé » Artaud à Rodez. En fait, il est indéniable qu'Artaud, à Rodez, a progressivement renoué avec la littérature, même s'il n'avait jamais cessé d'écrire un grand nombre de lettres délirantes envoyées à une foule de destinataires (préfet, ministre, médecins, amis...). Il est certain que c'est *aussi* grâce à Ferdière qu'Artaud a retrouvé la littérature.

R. E. : À Rodez, Artaud a subi en tout cinquante-huit électrochocs. Un accident, la fracture d'une vertèbre, a interrompu un temps ce traitement contre lequel il a toujours violemment protesté. Le 13 août 1943, il écrit ceci au docteur Ferdière : « Chaque fois que vous me parlez de me *guérir*, monsieur Ferdière, c'est comme si je recevais un coup de couteau en plein centre de mon cœur et de ma conscience, parce que *je sais* que je ne suis pas malade. » Et le 20 mai 1944 : « Les états mystiques du poète ne sont pas des délires, docteur Ferdière, ils sont la base de la poésie. Me traiter en délirant, c'est nier la valeur poétique de la souffrance qui, depuis l'âge de quinze ans, bout en moi devant les merveilles du monde de l'esprit que l'être de la vie réelle ne peut jamais réaliser ; et c'est de cette souffrance admirable de l'être que j'ai tiré mes poèmes et mes chants [...]. Je vous supplie de rappeler votre âme vraie et de comprendre qu'une série d'électrochocs de plus m'anéantirait. »

> « Les malades et les médecins »
> La maladie est un état. La santé n'en est qu'un autre, plus morne, je veux dire, plus lâche et plus mesquin. Pas de malade qui n'ait grandi, pas de bien-portant qui n'ait un jour trahi, pour n'avoir jamais voulu être malade, comme tels médecins que j'ai subis. J'ai été malade toute ma vie et je ne demande qu'à continuer[1]. »

Artaud est-il sincère, Évelyne Grossman, quand il dit ceci ? et qu'entend-il d'ailleurs par : « J'ai été malade toute ma vie » ?

É. G. : Ce « J'ai été malade toute ma vie », il le répète constamment ; il est malade depuis sa jeunesse. Il souffrait de toute une série de troubles qu'on qualifiait à l'époque de « neurasthénie » ; c'est à cela qu'il fait allusion, en 1923, dans ses lettres à Jacques Rivière, cette « effroyable maladie de l'esprit » qui l'empêchait de penser et d'écrire. Il y a donc naturellement une souffrance intolérable, une impossibilité d'écrire

1. « Les malades et les médecins », enregistré en 1946 au Club d'essai de la radio (*Œuvres, op. cit.*, p. 1086).

liée à sa « folie », mais il y a aussi tout ce que la traversée de cette souffrance lui permet d'atteindre. C'est en cela qu'on repère toujours un double mouvement chez lui : revendiquer la folie, c'est aussi revendiquer d'être ce qu'il appelle un « aliéné authentique ». C'est-à-dire justement, comme il le dit à propos de Van Gogh : « un homme qui a préféré devenir fou, dans le sens où socialement on l'entend, que de forfaire à une certaine idée de l'honneur humain[1] ». Il se situe, comme Van Gogh, du côté de ceux que la société a torturés, « suicidés » pour les empêcher de parler, pour les empêcher d'atteindre à ces vérités supérieures, inaccessibles à celui qu'il appelle le « bourgeois confit », bouffi de certitudes raisonnables.

R. E. : C'est intéressant chez Artaud cet usage transitif du verbe « suicider ». Pour lui, « on a suicidé Van Gogh ».

É. G. : Il le répète : la société a empêché Van Gogh de parler, comme elle a « suicidé » Nerval, Poe ou Lautréamont. Il y a une horde de « frères humains » qu'il convoque toujours quand il parle de la folie, des torturés, « suicidés » par la société. On n'est jamais tout seul, dit-il, pour se suicider. Au-delà de la paranoïa

1. *Van Gogh, le suicidé de la société*, *op. cit.*, p. 30-31.

qu'elle recèle, la phrase frappe par sa force et sa lucidité.

R. E. : Peut-être faut-il, avec Antonin Artaud, revenir à l'étymologie, au sens littéral du mot « aliéné », c'est-à-dire véritablement : « être en autrui », ou « un autrui en soi ». Il s'agit ici d'une « altération » permanente d'Artaud comme hanté. Dans *Suppôts et suppliciations* (on dit souvent : « Suppôts et supplications »), voici ce qu'il écrit :

> « Au-dessus de la psychologie d'Antonin Artaud [c'est lui qui parle], il y a la psychologie d'un autre qui vit, boit, mange, dort, pense et rêve dans mon corps. Je ne vis pas au milieu d'un concile de têtes, je ne pense pas dans un cénacle d'esprits, tous autour de moi aux écoutes, tous aux écoutes dans mon moi, et Dieu est de ces esprits-là. Chaque esprit a sa tablature, son arc, son rayon, ses éclipses, l'ellipse de ses apparitions. Dieu le mène et ça va très mal, mal depuis ce péché d'origine que Dieu fit en entrant dans l'être, en copulant avec sa création. Et ainsi le cénacle bouge. Il se remue. C'est toujours la même question qui revient, aussi bien entre Dieu et ses anges qu'entre l'homme et la création. Que fais-tu là, Antonin Artaud ? Oui, que fais-tu là ? Tu nous gênes[1]. »

1. *Suppôts et suppliciations*, Gallimard, coll. « Poésie », 2006.

É. G. : Aliénation au sens, bien entendu, de...

R. E. : ... hantise ?

É. G. : Hantise, oui, hantise de l'autre, cet autre qui pense en moi, avant que moi, je n'aie eu le temps de saisir ma pensée, de la faire « mienne ». Mais c'est précisément ce mouvement chez Antonin Artaud de dépersonnalisation, de désubjectivation, qui lui permet d'atteindre un degré inouï d'écriture. Au-delà des recherches de « dictée de l'inconscient » ou de « psychose expérimentale », qui passionnèrent nombre d'écrivains du XXe siècle (les surréalistes, Michaux...), Artaud témoigne d'une écriture psychotique *et* géniale, à ciel ouvert. Son « je » n'est plus celui de la rationalité classique, humaniste.

R. E. : « Je », vous l'écrivez comment, « jeu » ou « je » ?

É. G. : « Je ». Il n'y a rien de ludique ici, même s'il ne faut pas non plus privilégier cette image doloriste, pathétique qu'on a trop souvent présentée de lui. Mais en effet un « je » au sens d'une déconstruction, d'une mise en pièces de la subjectivité.

R. E. : Peut-on parler d'un dolorisme artaudien, non pas au sens où il y aurait une vertu rédemptrice de la douleur, vertu presque chrétienne de la douleur, mais au sens où, comme chez

Nietzsche, la douleur est pour Artaud un moyen de connaissance ? Artaud dit que s'il n'y avait pas de médecins, il n'y aurait pas de malades. On peut considérer également – c'est le point de vue de Nietzsche par exemple, qui eût été un philosophe-médecin s'il n'avait pas été malade toute sa vie – que l'espèce de cure qu'Artaud propose à ses contemporains lui vient de la maladie qui est la sienne.

É. G. : Je ne suis pas sûre qu'on puisse parler d'« espèce de cures » qu'il proposerait à ses contemporains. Il ne se présente pas comme un thérapeute de la société. Quand il dit « guérir », il s'agit de guérir la vie, pas la société. Avec une définition justement indéfinie, quasi infinie, de la vie. C'est ce que je disais il y a un instant : l'aliénation-souffrance, douleur, s'entend aussi, paradoxalement (à l'inverse de l'aliénation au sens hégélien ou marxiste), comme ouverture, accès à ce qui rend « infinies », comme il dit, « les frontières de la réalité ». Ce qu'il explore, c'est l'inverse même du sujet centré, intentionnel et conscient, celui de la rationalité occidentale, qu'il a passé sa vie à combattre dès les textes sur le théâtre, dans les années trente. Quand il s'en prend au théâtre, il s'en prend au théâtre occidental, qu'il qualifie de « bourgeois », celui de la rationalité, de la psychologie, du « je », précisément, tel que nous l'entendons d'ordinaire.

R. E. : L'histoire d'Antonin Artaud est l'histoire d'un homme qui fait l'expérience de la nullité – pour le dire grossièrement – de l'humanisme à l'occidentale ; il exporte finalement son expérience jusqu'à des considérations générales sur l'humanisme. Dans les *Textes mexicains*, il y a un texte qui s'appelle « L'éternelle trahison des Blancs ». Parlant de l'humanisme, il dit : « Humanisme a de tout temps signifié que l'homme réduisait la Nature à sa propre taille, qu'il faisait du patron "homme" une espèce de commune mesure, aussi bien physique que morale, à laquelle, périodiquement, devaient se référer toutes les choses du monde. Et ce moment est toujours celui où se propage le culte d'une faculté spécifiquement humaine : la raison, et où le double point de vue de la morale et de la psychologie humaines étend ses cruautés en tout sens[1]. »

É. G. : L'humanisme est, en effet, pour lui un amoindrissement de l'homme. C'est une castration de ce corps infini, de cette subjectivité – ou des subjectivités – infinie à laquelle on peut selon lui, atteindre. C'est constamment contre ces définitions circonscrites qu'il se bat : l'humanisme, les bons sentiments, la psychologie. Et

1. « L'éternelle trahison des blancs », in *Textes mexicains*, *Œuvres*, *op. cit.*, p. 681.

quand il va au Mexique, en 1936, c'est pour essayer de retrouver ce qui, pour lui, fait partie des cultures solaires, ce qu'il appelle la terre rouge, tout ce que nous avons perdu justement selon lui dans la culture occidentale. Il part pour retrouver la force infinie, celle de la magie, celle des sorts, précisément ce qui au-delà du texte, de l'écriture comme état, comme retombée de la force, peut encore continuer à vivre dans ce qu'il appelle justement « l'infini dehors ». Il oppose constamment à cette idée réduite de l'homme, un infini surhumain, disons « déshumain », qui serait celui qu'il entrevoit parfois.

R. E. : Vous avez parlé de l'écriture comme d'une « retombée de la force ». Est-ce que cela veut dire – des textes le disent – qu'en somme Artaud se plaint de la pauvreté de l'écriture, de l'inaptitude de l'écriture à restituer ce qu'il est capable d'entrevoir, ce qui, chez un styliste comme lui, est un comble ?

É. G. : Dans les lettres à Jacques Rivière, puisqu'il part de cela dans les années 1923-24, c'est ce qu'il dit : il y a quelque chose qui détruit sa pensée, qui l'empêche d'écrire, qui pulvérise en quelque sorte les mots avant même qu'il ne soit parvenu à les dire, à les trouver. Mais, d'un autre côté, au fur et à mesure, c'est de cette force qu'il appelle l'« impouvoir » de la pensée (Blanchot reprendra plus tard ce terme d'*impouvoir*), l'impuissance, c'est à partir de cela qu'il écrira. Ce qu'il montre au fur et à mesure, c'est que, précisément, le mot est un *terme*, dans tous les sens du terme. Le mot paralyse la pensée, il la sclérose, il la calcifie et, par conséquent, ce qui au début paraissait une sorte d'impuissance à trouver les mots justes deviendra au fur et à mesure...

R. E. : ... une source vive...

É. G. : ... voilà, une source vive. Il y a de la pensée avant moi qui la pense, suggère Artaud. Cet « au-delà de la pensée », c'est justement cette force, qui jamais ne peut être stabilisée en mot juste. Et tout le travail d'Artaud sera de trouver une autre écriture qui jamais ne retombe en formes, en figures, en stratification de la pensée.

R. E. : ... ne pas noyer la force dans la forme.

É. G. : Exactement. Ne pas la faire retomber, et essayer constamment d'atteindre l'efficacité physique de cette force. D'où ce qu'il fait dans son écriture, ce qu'il fera ensuite dans ses dessins, ce qu'il fera au théâtre : maintenir ce qu'il appelle aussi le « en suspens » ou « la potence ». C'est-à-dire le potentiel, ce qui ne se fixe jamais, ce qui évidemment demande une énergie extraordinaire pour que jamais les mots-souffle ne retombent en écriture. D'où, d'ailleurs, un certain nombre de contresens que l'on fait parfois en parlant d'Artaud, quand on dit qu'il a voulu en finir avec le texte au théâtre : non, il a voulu en finir avec la lettre morte du texte, avec le texte écrit. En l'occurrence trouver ce qu'il appelait à l'époque une écriture dans l'espace, c'est-à-dire la façon dont les mots peuvent être toujours entendus sous leur angle sonore, comme des mouvements, dit-il : des signes-force, vibration, interjection, pas des signes-forme, des figures.

R. E. : On a évoqué la magnifique correspondance avec Rivière, en voici un extrait :

> « Je souffre d'une effroyable maladie de l'esprit. Ma pensée m'abandonne à tous les degrés. Depuis le fait simple de la pensée jusqu'au fait extérieur de sa matérialisation dans les mots. Mots, formes de phrases, directions intérieures de la pensée, réactions simples de l'esprit, je suis à la poursuite constante de mon être intellectuel. Lors donc que *je peux saisir une forme*, si imparfaite soit-elle, je la fixe, dans la crainte de perdre toute la pensée. Je suis au-dessous de moi-même, je le sais, j'en souffre, mais j'y consens dans la peur de ne pas mourir tout à fait[1]. »

Évelyne Grossman, dans la lettre à Jacques Rivière du 5 juin 1923, dans laquelle Artaud se plaint de ne pas être édité, il justifie ses poèmes, malgré leurs imperfections, expliquant qu'il y a

1. « Correspondance avec Jacques Rivière », in *Œuvres, op. cit.*, p. 69-70.

bien quelque chose qui doit survivre, et il dit : « Je réclame avec tant d'insistance et d'inquiétude cette existence même avortée », en parlant de ses poèmes et de leur publication. Dans ses lettres, Artaud dit : « Je suis au-dessous de moi-même, je le sais, j'en souffre. Mais j'y consens dans la peur de *ne pas* mourir tout à fait. » Qu'est-ce que cela veut dire ?

É. G. : Oui, cela ressemble à un lapsus, « dans la peur de ne pas mourir tout à fait ». Je crois qu'il y a souvent dans des formules d'Artaud un usage du négatif ou de la négativité qui est tout à fait étrange pour notre logique. Cela veut souvent dire deux choses à la fois : désir de mourir et désir de ne pas mourir. Cela, d'une certaine façon, deviendra dans des textes ultérieurs ce qu'il nommera la force de vitalité de la mort. Il existe de très beaux textes de lui, par exemple quand il écrit à Marthe Robert, en 1947, que la mort est une énergie, une puissance, une force de création. La vie, écrit-il, n'est pas une énergie, mais « cette perte d'énergie qui un jour voulut s'établir à la place de la mort qui passait ». Au tout début, il a envoyé ses poèmes à Jacques Rivière, à la NRF. Il demande le droit de « littérairement exister ». Jacques Rivière lui répond que ce ne sont pas des poèmes encore suffisamment aboutis pour pouvoir être publiés. Ce qui est intéressant à cette époque c'est qu'Artaud énonce ce constat : en effet, je ne suis pas encore « au niveau », je suis en deçà de moi-même, comme il le dit, je sens que je pourrais écrire, mais je n'y parviens pas encore tout à fait. Ce qu'il découvrira, en même temps qu'il écrit ces lettres à Jacques Rivière, c'est que justement ce qu'il nomme l'avortement, au début, dans la toute première lettre, « cette existence même avortée », cela deviendra peu à peu la trouvaille de cette force en acte que devient pour lui l'avortement en puissance de l'œuvre. Toute la dernière période d'écriture d'Artaud, quand il sort de l'asile psychiatrique de Rodez, est une période où il travaille justement sur ce qu'il appelle le ratage, la force du ratage, la force de l'avortement en acte. C'est cela même qui le fait écrire. C'est à mon sens ce qui rattache Artaud à la littérature du XXe siècle, à Beckett, à Blanchot, à Michaux, à d'autres encore. Ce que Beckett, par exemple, appelle le « mal dire » : c'est facile de bien dire, c'est facile la belle forme ; ce qui est difficile c'est de mal dire. Et Artaud, d'une certaine façon, travaille lui aussi à déstabiliser la forme ; il nous apprend à lire et à voir « de traviole », comme il dit.

R. E. : Ce que vous dites, c'est qu'Artaud, posant cette question à Rivière : « Pensez-vous qu'on puisse reconnaître moins d'authenticité littéraire et de pouvoir d'action à un poème défectueux, mais semé de beaucoup de beautés fortes, qu'à un poème parfait mais sans grand retentissement intérieur ? », question anxieuse de jeune homme qui veut être publié, finira par assumer sa propre défectuosité et par en faire la source vive de son inspiration. La métamorphose d'Artaud, qui passe du regret de ses imperfections jusqu'au travail sur ses imperfections, jusqu'à l'art d'en faire la source même de son travail, va de pair avec une transformation stupéfiante chez lui, il passe d'une extrême beauté physique à une extrême laideur...

É. G. : C'est vrai qu'il avait un physique de jeune premier dans les années vingt et jusqu'à son enfermement asilaire...

R. E. : Il était magnifique. Et il fut aussi beau que laid.

É. G. : Oui, il a traversé neuf ans d'enfermement, subi des électrochocs qui lui ont fait perdre ses dents. Il en est sorti physiquement extraordinairement affaibli, amaigri. À la fin de sa vie, il est totalement défiguré ; il ressemble à un vieillard, alors qu'il n'a qu'une cinquantaine d'années. Il a subi une véritable métamorphose physique. Je crois que du point de vue de l'écriture, ce n'est pas tout à fait la même métamorphose. En effet, ce n'est pas qu'il travaille sur le ratage au sens de la laideur, il travaille sur le ratage au sens de ce qu'il appelle la force d'avortement en acte. Encore une fois, peut-être pas de façon consciente, cynique, ou maîtrisée, au sens où il se dirait : cette faiblesse, je vais la transformer en force. Mais c'est à force d'écriture, à force de se rendre compte que là, quelque chose, comme le disait Beckett, troue le langage, permet de voir ce qu'il y a derrière les mots, qu'il parvient à créer son corps-théâtre d'écriture. C'est ce que dit Deleuze, d'ailleurs, à propos d'Artaud : il a perforé le signifiant.

R. E. : Mais cette perforation du signifiant prend parfois chez Artaud la forme d'un langage qui ne veut plus rien dire, en l'occurrence d'une pure matière verbale sertie de métaphores stupéfiantes, d'images étonnantes, écrites par ailleurs dans une langue non seulement compréhensible mais sublime.

É. G. : Oui. Est-ce que l'on peut dire qu'il y a, finalement, quelque chose qui est de l'ordre de l'excrémentiel, de l'ordre du déchet, de l'ordre de ce que théoriquement on ne donne pas à lire, du rebut, et que tout cela est repris dans l'écriture littéraire, créatrice, d'Artaud ? Je pense que oui. On connaît ce jeu de mots auquel se livre Artaud, sur l'excrément et la crémation. Là encore, il s'appuie sur la force éruptive, volcanique, puisqu'il dit qu'il est comme un volcan, le fameux « Popocatepel » (c'est comme cela qu'il prononce), le volcan mexicain. Il s'agit de ce qui est dans l'excrément, avant qu'il ne retombe, une force de crémation qui brûle d'abord celui qui produit cette écriture excrémentielle et, tout autour de lui, tous ceux qui ne pourront plus l'écouter tranquillement. C'est tout le travail d'Artaud vis-à-vis du spectacle, du spectateur : comment détruire cette position passive de celui qui, à distance, regarde, écoute ?

> « C'est que la vie n'est pas cet ennui distillé où l'on fait macérer notre âme depuis sept éternités. Elle n'est pas cet infernal étau où moisissent les consciences et qui a besoin de musique, de poésie, de théâtre et d'amour pour de temps en temps éclater, mais si peu que ce n'est pas la peine d'en parler. L'homme de la terre s'ennuie à mort, et si profondément en lui-même que maintenant il ne le sait plus. Il se couche, il dort, se lève, se promène, mange, écrit, il avale, il respire, il chie comme une machine baissée de ton, comme un résigné enterré dans la terre des paysages, et que le paysage a soumis à lui comme un tel qu'on a garrotté sur le billot d'un mauvais corps, et soumis à des *lectures*[1] [...]. »

R. E. : « ... il chie comme une machine baissée de ton » : chez Artaud, on a le sentiment qu'écrire et chier c'est la même affaire. Il ne

1. Lettre de Rodez à Henri Parisot du 9 octobre 1945, in *Œuvres*, *op. cit.*, p. 1025.

cesse de parler d'excréments, c'est vous qui l'avez dit. Il est obsédé par l'anus. Il en parle en permanence dans ses lettres. C'est toujours l'endroit par lequel le mal commence à le dévorer. Cette intimité-là est peut-être, non pas ce à quoi il tient le plus, mais ce qui lui permet de se défaire le plus de lui-même. Il y a quelque chose dans son écriture – d'ailleurs, il le dit en permanence, parce que c'est aussi une écriture qui réfléchit sur elle-même, qui est réfléchie – qui se désigne comme excrémentielle mais non stercoraire : elle ne se nourrit pas d'excréments, elle les produit.

É. G. : Un psychiatre dirait que cela correspond au versant paranoïaque d'Artaud. Bien sûr qu'il y a chez lui une confusion psychotique des orifices. Bien sûr que la bouche, l'anus, tous les orifices, sont à la fois des sources d'invasion, autrement dit de persécution – les derniers textes d'Artaud en sont remplis –, et des orifices d'expulsion. On l'entend très bien dans cette émission, « Pour en finir avec le jugement de Dieu ». Il revient constamment sur la force excrémentielle, la force d'expulsion, la force d'*émission*. Il joue sur les termes. Tout ce que l'on peut émettre : on peut émettre un cri, on peut émettre un pet, on peut émettre un gaz, on peut émettre un souffle. Chez lui, tout cela est mis sur le même plan et remplit les derniers textes. Tout le travail du souffle sur lequel il avait beaucoup écrit dans les années trente, la respiration au théâtre, le souffle de l'acteur, devient aussi dans ses derniers textes tout ce qui sort violemment du corps : les gaz, les pets. Pour lui, le corps est une matière explosive, en fusion.

R. E. : C'est ici qu'il va revenir sur le théâtre de la cruauté, dont ceux qui n'ont pas lu *Le Théâtre et son double* pensent, à tort, qu'il est un théâtre qui fait l'éloge du sanglant et de la violence, alors que ce n'est pas uniquement cela. Louis Jouvet l'a compris en rendant hommage aux prémonitions théâtrales d'Antonin Artaud.

> « Antonin Artaud a dit depuis longtemps, avec une prescience et une prévision d'une acuité exceptionnelle, ce qu'est l'essence du théâtre, ce que sera vraisemblablement l'art dramatique de demain, le théâtre, ce que seront dans quelque temps ses manifestations diverses, la radio et le cinéma. Dans un ouvrage qui s'intitule *Le Théâtre et son double*, en véritable initié, Antonin Artaud a écrit et formulé l'essentiel de ce que chacun de nous cherche diversement aujourd'hui. Il a annoncé les genres qui se préforment actuellement sous nos yeux. Sur le langage, sur le jeu, sur l'acteur, sur la mise en scène, sur l'expression, sur la psychologie au théâtre, Antonin Artaud a écrit des pages pénétrantes. Et dans la

mesure où une définition peut saisir et circonscrire les phénomènes dramatiques, des pages définitives. »

Quand on entend ce qu'Antonin Artaud fait de sa propre voix, les bruits, les borborygmes qu'il émet et qui sont parfaitement hermétiques à un spectateur normalement constitué, on se demande si le terme de sa recherche n'est pas un absolu mortifère... Je ne sais pas si vous avez en tête ce texte de Balzac, *Le Chef-d'œuvre inconnu,* où Frenhofer peint une toile qui est l'aboutissement de tout son travail. C'est le plus grand peintre de tous les temps, or son travail culmine dans un chaos indescriptible, un amoncellement inepte de lignes et de couleurs dont un petit pied absolument parfait, plus vrai que vivant ou plus vivant que vrai, serait la fine pointe, le résultat, le véritable aboutissement...

É. G. : Pour Artaud ce n'est pas un chaos, ce n'est pas l'échec de la sublimation, comme chez Frenhofer, c'est un travail sur le rythme, sur tout ce qui, précisément dans l'écriture, doit passer par le corps : rythme, vocalisation, bruitage, expulsion comme on disait tout à l'heure. Il s'agit d'abord de faire vivre au spectateur une violente déstabilisation de ses points de repère. Jouvet a raison de dire qu'Artaud est comme initié, même si on sait bien que les initiés, pour Antonin Artaud, sont aussi des persécuteurs.

R. E. : Il parle du « cheptel soumis aux initiés »...

É. G. : Voilà. Les initiés sont des persécuteurs. Mais il y a toujours eu chez lui cette volonté de retrouver quelque chose des rythmes sacrés, d'une connaissance à laquelle les religions orientales, un certain nombre de sciences occultes ont pu avoir accès. Quand il part pour le Mexique, puis pour l'Irlande, il va à la rencontre des « sources magiques » de la culture. Ce qu'il cherche, c'est précisément une initiation à ces rituels des Indiens mexicains, des druides... En 1937, lorsqu'il est enfermé, et jusqu'à la fin de sa vie, les « Initiés » resurgissent comme persécuteurs qui « pompent » sa vie, sucent son sang... Il y a dans l'émission radiophonique « Pour en finir avec le jugement de Dieu » une véritable tentative de retrouver quelque chose d'un rituel qui passerait sur les ondes sonores. Bien entendu, les ondes ont aussi, pour lui, un pouvoir de captation de l'autre, par l'oreille : pénétrer dans l'oreille de l'autre.

R. E. : Qui est aussi un orifice...

É. G. : Oui. Et il est, dans ce studio de la Radio Diffusion, comme un sorcier qui tape sur son tambour, faisant entendre des rythmes, essayant d'hypnotiser en quelque sorte l'auditeur. C'est un travail corporel, vocal, rythmé. Il ne s'agit pas seulement de vouloir dire quelque chose. Il s'agit de le faire passer par le corps.

> « Car les états de privation de la vie m'ont toujours renseigné beaucoup mieux sur la pléthore de ma puissance que les crédences petites-bourgeoises de : "la bonne santé suffit". Car mon être est beau mais affreux. Et il n'est beau que parce qu'il est affreux. [...] Guérir une maladie est un crime[1]. »

R. E. : « Guérir une maladie est un crime. » Un crime contre quoi, contre qui, Évelyne Grossman ?

É. G. : Un crime contre la folie, contre ses visions, un crime commis au nom de la santé de ce « monde d'avachis », comme il dit. Vous disiez tout à l'heure qu'il y avait tout un travail sur la voix, qu'on entend très bien dans cet enregistrement. C'est à la fois une voix d'homme et une voix de sorcière, de vieille femme chevrotante. Il passe du grave à l'aigu, il parle à la fois de beauté et d'être affreux, et dans « affreux », il entend aussi les affres de la folie. Avec Artaud, nous ne sommes plus dans une opposition rationnelle entre bien et mal, entre vrai et faux, entre maladie mentale et prétendue santé

1. « Les malades et les médecins », in *Œuvres*, *op. cit.*, p. 1086.

psychique. Comme il le dit : « On peut parler de la bonne santé mentale de Van Gogh qui, dans toute sa vie, ne s'est fait cuire qu'une main et n'a pas fait plus, pour le reste, que de se trancher une fois l'oreille gauche[1]. »

R. E. : Ce qui est également passionnant avec Artaud c'est que l'expérience dont il est le porte-parole est une expérience qu'il fait sur tous les supports : littérairement, théâtralement, au cinéma, je dirais même en psychanalyse, puisqu'il a fait dix séances d'analyse avec Allendy – on aimerait être une petite souris pour entendre ce qui s'est dit à ce moment-là, et les raisons d'ailleurs pour lesquelles il y a renoncé –, et aussi à travers les dessins ; en 1947, Artaud dit, dans un texte intitulé *Dix ans que le langage est parti*, en évoquant ses dessins : « Ce que je dessine, ce ne sont plus des thèmes d'Art, transposés de l'imagination sur le papier, ce ne sont pas des figures affectives, ce sont des gestes, un verbe, une grammaire, une arithmétique, une cabale entière et qui chie à l'autre – une fois de plus –, qui chie sur l'autre. Aucun dessin fait sur le papier n'est un dessin, la réintégration d'une sensibilité égarée, c'est une machine qui a souffle, ce fut d'abord une machine qui en même temps a souffle. C'est la recherche d'un monde

1. *Van Gogh, le suicidé de la société*, *op. cit.*, p. 25.

perdu et que nulle langue humaine n'intègre, et dont l'image sur le papier n'est plus même qu'un décalque, une sorte de copie amoindrie[1]. »

É. G. : « Une machine qui a souffle », c'est une des définitions qu'il donne.

R. E. : « Copie amoindrie ». On retrouve avec le dessin ce qu'il regrette dans l'écriture elle-même.

É. G. : Exactement. C'est-à-dire la force retombée, quelque chose qui n'agit plus, qui n'est plus qu'un reste, un déchet. Les dessins d'Artaud sont de deux sortes : d'une part ceux qu'on appelle « les grands dessins » qu'il fait à Rodez (mais qui sont en fait de dimension modeste). Certains sont au Centre Pompidou, au Musée Cantini à Marseille. Ce sont des dessins en couleurs. Et puis il y a aussi les petits dessins qu'il trace dans les pages de ces cahiers d'écolier qu'il remplit à partir de 1945, toujours à Rodez. Il écrit constamment et il dessine, entre les mots, sur ces pages de cahier. Il y invente un autre théâtre de la cruauté, il invente des signes-force, qui agissent sur la page d'écriture. Celle-ci devient une scène de théâtre où, à nouveau, il cherche ces techniques de souffle, de respiration qui permettent de maintenir la force de l'inspiration.

1. *Œuvres, op. cit.*, p. 1513-1514.

R. E. : On a reproché aux dessins d'Antonin Artaud d'être trop chargés : il y avait trop de carbone, c'était trop sombre... « On n'y voyait rien », disaient beaucoup de spectateurs de ces dessins. Est-ce que ce n'est pas là, pour le coup, un contresens, puisque ce serait mettre Artaud dans l'optique d'une représentation, c'est-à-dire d'une extériorité ? Ces dessins sont-ils faits pour qu'on les regarde ? Ne s'agit-il pas pour lui – de la même façon qu'avec son théâtre il s'agit d'ébranler le spectateur, c'est-à-dire au fond de le faire participer –, face au dessin, d'éprouver davantage, puisque ces dessins ne sont que la « copie amoindrie » de ce qu'il essaie de transcrire ? Son but n'est-il pas tout simplement de faire plus éprouver le mouvement même par lequel il a dessiné que son résultat, qui vaut ce qu'il vaut ?

É. G. : Exactement, le mouvement-même, qui est d'abord un mouvement d'agression. En effet, quand il écrit, il perfore symboliquement, et parfois concrètement, la page sur laquelle il écrit. Et de la même façon, il dit qu'il veut crever l'œil du spectateur. Il faut, dit-il dans un des commentaires de ses dessins, que l'œil de celui qui regarde tombe. Il veut provoquer un décollement de la rétine. Naturellement, il ne s'agit pas d'être un spectateur passif face à ces dessins ; il faut essayer de retrouver l'infinie énergie qui a présidé, non pas à leur accomplissement, mais au fait qu'ils ne sont jamais terminés, qu'on est toujours dans une mise en suspens de ce qui ne doit pas retomber en œuvre terminée. Ce qui d'ailleurs nous ferait retrouver la formule de Foucault : « La folie, c'est l'absence d'œuvre. » Il ne s'agit pas, ni dans l'écriture, ni au théâtre, ni dans les dessins, de produire un acte qui pourrait tourner au chef-d'œuvre. Un texte célèbre d'Artaud, dans les années trente, s'intitule : *En finir avec les chefs-d'œuvre*. Donc pas d'œuvre d'art, mais ce qui détruit l'œuvre et qui, ce faisant, nous permet de vivre – nous qui ne pouvons plus être seulement spectateurs, réceptacles passifs – quelque chose de la commotion de celui qui l'a produite.

> « Mes dessins ne sont pas des dessins, mais des documents. Il faut les regarder et comprendre ce qu'il y a *dedans* [...] comme des ombres au fond d'un creux qui ne seraient pas simplement son ombre, mais un être vivant de plus, et qui jouent alors d'ombre en ombre par-dessus la tête du creux[1]. »

1. *Œuvres, op. cit.*, p. 1049.

La Folie et Foucault

avec Guillaume Le Blanc

Raphaël Enthoven : Revenons à Foucault et à la folie en l'abordant, avec Guillaume Le Blanc[1], par son versant lumineux, c'est-à-dire non plus la critique de la raison mais l'éloge de la folie en elle-même. C'est-à-dire, en l'occurrence, du génie littéraire.

> « Mon corps, utopie impitoyable. Et si, par bonheur, je vivais avec lui dans une sorte de familiarité usée, comme avec une ombre, comme avec ces choses de tous les jours que finalement je ne vois plus et que la vie a passées à la grisaille ; comme avec ces cheminées, ces toits qui moutonnent chaque soir devant ma fenêtre ? Mais tous les matins, même présence, même blessure ; sous

1. Auteur de *La Pensée Foucault*, éditions Ellipses, et d'un texte sur l'*Histoire de la folie* de Foucault, « Le sujet de la folie ou la naissance de l'homme moderne », revue *Lumières*, n° 8, 2006.

mes yeux se dessine l'inévitable image qu'impose le miroir : visage maigre, épaules voûtées, regard myope, plus de cheveux, vraiment pas beau[1]. »

Guillaume Le Blanc : Je crois que ce que Foucault suggère c'est que la folie va prendre en quelque sorte son ampleur anthropologique dans les ornières de la mort. Au fond, l'histoire européenne, occidentale, commence avec une dramatisation de la mort, et la folie prend le relais. Les premières pages de l'*Histoire de la folie* soulignent combien la folie est le rappel du néant, le rappel de l'ombre, la fragmentation de ce néant, qui est au fond, déjà, l'ombre de la mort elle-même qui poursuit son chemin. En un sens, l'*Histoire de la folie* est un peu l'histoire de notre rapport à la mort.

R. E. : C'est la raison pour laquelle il y a deux livres en un dans l'*Histoire de la folie* : un livre essentiellement critique, polémique, qui s'en prend à la réduction, par la raison, de la folie à la déraison (c'est-à-dire à un autre qu'elle inclut dans ses propres catégories et qu'elle peut comprendre, qu'elle maîtrise), et un second qui serait, en revanche, une histoire souterraine de la folie, sertie de quelques figures cardinales : Nietzsche, Van Gogh, Artaud, Nerval, Roussel, Hölderlin d'un côté, Bosch, Racine, Diderot,

1. Michel Foucault, *Le Corps utopique*, 1966.

Sade de l'autre (on va voir ce qui distingue ces deux côtés). Et ces figures – Nietzsche, Van Gogh, Artaud, Nerval, Roussel – sont celles auxquelles Foucault reconnaît le mérite d'assumer la hantise de la mort.

G. L. B. : La folie c'est toujours ce qui induit ou introduit la possibilité de quelque chose comme un néant devenu impérieux. Au fond, ces auteurs, à leur corps défendant, vont faire l'expérience de cette bordure de la dissolution, du néant, qui les emmène peu à peu vers la folie, voire vers la mort. Ce sont des auteurs que Foucault situe effectivement dans une galaxie d'artistes qui viennent border son propre projet et qui, je crois, en constituent la base de cette archéologie de la raison qu'est l'*Histoire de la folie*.

R. E. : Attention aux mots ici. « Archéologie » ne désigne pas la discipline qui ouvre les caveaux des pharaons.

G. L. B. : L'archéologie, au sens foucaldien du terme, c'est l'histoire des sous-sols à partir desquels il est possible de rendre compte d'un certain nombre d'événements qui scintillent à la surface. Il est clair que ce qui intéresse Foucault, par exemple dans *Les Mots et les choses*, c'est de faire une histoire du sous-sol qui a permis l'émergence des sciences humaines…

R. E. : D'ailleurs, le sous-titre est : *Une archéologie des sciences humaines*.

G. L. B. : Comme le sous-titre de *Naissance de la clinique* a été : *Archéologie du regard médical*...

R. E. : Il y a aussi une « archéologie du savoir ».

G. L. B. : Oui, on pourrait donc dire que Foucault cherche les conditions de possibilité du regard médical, des sciences humaines, du regard que nous avons sur la folie. En ce sens, l'*Histoire de la folie* est déjà une archéologie, c'est-à-dire une histoire des conditions, à la fois pratiques et théoriques, qui ont rendu possible, progressivement, notre maîtrise de la folie par la raison, même si ce qui la fonde relève d'une expérience que la littérature peut capter et qui s'éloigne de l'archéologie.

R. E. : Foucault est profondément nietzschéen, or Nietzsche est le père de ce qu'il appelait, lui, la « généalogie », qu'il est tentant de tenir, avec des nuances, pour un synonyme (ou un cousin) d'« archéologie ». De quoi s'agit-il ? De se pencher sur les conditions d'émergence d'un discours. Non pas de chercher le temps antérieur où un tel discours était en gestation, mais l'origine sous-jacente (et toujours présente) qui ne diffère de son expression actuelle que par sa faculté à ne pas s'exprimer. Faire la généalogie d'un phénomène, ce n'est pas établir une filiation chronologique entre, par exemple, tel discours métaphysique et telle disposition du caractère, mais, plus profondément, montrer « l'engendrement plus fondamental qui relie une manifestation quelconque à une volonté secrète qui parvient à réaliser ses desseins au prix d'une série de transformations qu'il appartient au généalogiste de déchiffrer » (Clément Rosset). En d'autres termes, ce que je dis a moins d'intérêt que ce que j'exprime en disant ce que je dis. Mais est-ce que pour faire une histoire de la folie sous l'égide d'un penseur qui, comme Nietzsche, a fait le meilleur usage de sa folie, il ne faut pas, en un sens, être fou soi-même ?

G. L. B. : Je crois que tous les travaux de Foucault trouvent leur origine dans une expérience : expérience de la folie, expérience de la sexualité, et que l'enjeu de Foucault a été le suivant : comment penser cette expérience ? Du même coup, comment penser ce que l'on appelle la folie, la sexualité, comme expériences évidentes, allant de soi ? Le grand génie de Foucault a été de montrer qu'il n'y avait pas, au fond, de leçon de choses en philosophie, c'est-à-dire que l'idée que la sexualité « ça existe », l'idée que la folie « ça existe », n'avaient rien d'évident, ce qui aurait impliqué qu'il faille revenir vers ces mêmes choses, un peu comme une espèce de phénoménologie de la sexualité ou de la folie pourrait l'induire – revenons-en à la sexualité, décrivons la folie, etc. Foucault a essayé de mettre à distance cette idée en cherchant au contraire à analyser ce par quoi les « choses » sont en réalité toujours produites dans des discours : discours sur la sexualité, discours sur la folie. Et ce sont ces discours dont il faut faire l'archéologie, c'est-à-dire l'histoire, non pas pour le plaisir de montrer qu'il y a une épaisseur de discours sous les choses, mais plutôt pour montrer que nous sommes toujours déjà « pris » dans des significations complètement multiples, dans ce qu'on appelle les éléments de notre propre expérience humaine.

R. E. : D'accord, mais est-ce qu'il n'y a pas quand même chez Foucault une ambition de vérité ? Michel Foucault se propose de penser la folie avant sa « capture par le savoir », en amont de sa « capture par la raison ». De là l'intérêt qu'il porte aux figures de la folie sous la Renaissance : *La Nef des fous*, etc. De la même façon, d'ailleurs, il essaie de penser la sexualité, ou le sexe, avant sa capture par la vérité et par la discipline de l'aveu. N'y a-t-il pas, dans cette ambition foucaldienne, l'ambition de dire le fin mot, ou le mot véritable, de la folie comme de la sexualité ?

G. L. B. : Il y a une évolution dans la pensée de Foucault. En 1961, quand le livre *Folie et déraison* est publié, avec sa fameuse préface, il y a quelque chose comme une ambition philosophique de dire presque l'être de la folie : « la folie c'est l'absence d'œuvre ». En 1972, quand le livre devient *Histoire de la folie à l'âge classique*, on remarque que le terme d'« histoire » a pris les devants, en quelque sorte, et que le dialogue philosophique entre folie et déraison est un peu passé en arrière-plan, comme si, désormais, le projet de Foucault était véritablement de construire une histoire : *Histoire de la folie* et, dans son dernier livre, *Histoire de la sexualité*. Il s'agit pour Foucault d'effacer sa première tâche philosophique, qui était de dire la vérité de la folie ou de la sexualité. Or, la grandeur de l'*Histoire de la folie à l'âge classique* c'est qu'effectivement c'est un livre à deux foyers, à deux niveaux : il y a cette histoire de la folie, mais il y a aussi, malgré tout, quelque chose comme une tentative de revenir à un en-deçà, qui serait la possibilité de dire quelque chose de la folie véritablement. D'où le rapport à la littérature, à l'expérience littéraire : il cherche dans la littérature une sorte d'énoncé de l'expérience originaire de la folie.

R. E. : L'*Histoire de la folie* est un texte merveilleux, dans lequel on trouve notamment quelques perles, dont celle-ci.

> « La folie est une absolue rupture de l'œuvre ; elle forme le moment constitutif d'une abolition,

qui fonde dans le temps la vérité de l'œuvre. Elle en dessine le bord extérieur, la ligne d'effondrement, le profil contre le vide. L'œuvre d'Artaud éprouve dans la folie sa propre absence, mais cette épreuve, le courage recommencé de cette épreuve, tous ces mots jetés contre une absence fondamentale de langage, tout cet espace de souffrance physique et de terreur qui entoure le vide, ou plutôt coïncide avec lui, voilà l'œuvre elle-même, l'escarpement sur le gouffre de l'absence d'œuvre. La folie n'est plus espace d'indécision où risque de transparaître la vérité originaire de l'œuvre, mais la décision à partir de laquelle, irrévocablement, elle cesse, et surplombe pour toujours l'histoire. Peu importe le jour exact de l'automne 1888 où Nietzsche est devenu définitivement fou, et à partir duquel ses textes relèvent, non plus de la philosophie, mais de la psychiatrie. Tous, y compris la carte postale à Strindberg, appartiennent à Nietzsche, et tous relèvent de la grande parenté de l'Origine de la tragédie. Mais cette continuité, il ne faut pas la penser au niveau d'un système, d'une thématique, ni même d'une existence. La folie de Nietzsche, c'est-à-dire l'effondrement de sa pensée, est ce par quoi cette pensée s'ouvre sur le monde moderne : ce qui la rendait impossible nous la rend présente, ce qui la rachète à Nietzsche nous l'offre. Cela ne veut pas dire que la folie soit le seul langage commun à l'œuvre et au monde moderne – danger du pathétique des malédictions, danger inverse et symétrique des psychanalyses –, mais cela veut dire

> que, par la folie, une œuvre qui a l'air de s'engloutir dans le monde, d'y révéler son non-sens et de s'y transfigurer sous les seuls traits du pathologique, au fond, engage en elle le temps du monde, le maîtrise et le conduit. Par la folie qui l'interrompt, une œuvre ouvre un vide, un temps de silence, une question sans réponse, elle provoque un déchirement sans réconciliation où le monde est bien contraint de s'interroger[1].

Michel Foucault parle de « l'escarpement sur le gouffre », de « l'absence d'œuvre », et de Nietzsche. Revenons un instant sur les six derniers mois de la vie consciente de Nietzsche, que le philosophe traverse dans une sorte de terreur féconde, ou de semi-folie si l'on peut dire. Il dévore les « Lois de Manu », joue du piano avec les coudes... mais rédige, alors qu'il est à Turin, quatre chefs-d'œuvre dans un temps très court, juste avant de verser dans l'aphasie et dans le silence, le silence de l'œuvre justement. *Le Crépuscule des idoles*, qui est peut-être son meilleur livre, a été écrit dans ce contexte-là. Est-ce que cela ne nous permet pas en un sens de caractériser la folie foucaldienne comme une période, non pas de l'histoire, mais de la vie d'un homme où il serait assez fou pour entrevoir ce que la raison dissimule, tout en restant

1. *Histoire de la folie à l'âge classique*, *op. cit.*

encore assez serein pour restituer ce qu'il a entrevu ?

G. L. B. : Je pense que le problème que Foucault entrevoit ici, dans cet extrait – ce sont les toutes dernières pages de l'*Histoire de la folie* –, c'est cette relation entre folie et œuvre. La préface de 1961 s'ouvrait avec deux citations, de Pascal et de Dostoïevski, qui se renvoyaient en jeu de miroir, celle de Pascal affirmant déjà que « [...] ce serait être fou, par un autre tour de folie, de n'être pas fou ». Il y a une espèce de grand dispositif philosophique dans l'*Histoire de la folie* qui est cette relation entre folie et absence d'œuvre. Particulièrement chez Nietzsche dont les œuvres se situent au bord de l'effacement, au bord de la non-œuvre et, en même temps, celles-ci font l'expérience de la folie et sont traversées par la tentation de l'absence d'œuvre. Ces œuvres ont pour Foucault une force et quelque chose d'impérieux qui est absolument décisif : il s'agit au fond de penser la folie à partir de ces œuvres limites, puisque dans celle-ci la possibilité de l'absence d'œuvre est en permanence offerte. De ce point de vue, je crois que Foucault essaie de penser d'après Nietzsche, c'est-à-dire d'après cette espèce de court-circuit que la folie, dans le travail de Nietzsche, a opéré. On ne sait plus vraiment si on peut qualifier Nietzsche de fou ou de non-fou. On peut penser aussi à

Roussel, qui vient voir Pierre Janet, et celui-ci lui dit…

R. E. : … « Vous n'êtes qu'un pauvre petit malade »…

G. L. B. : Voilà, « un pauvre petit malade ». Ce petit malade écrit quelque chose qui est, en même temps, totalement déstabilisant par rapport à l'énoncé psychiatrique de Janet. Pour Foucault en l'occurrence, la littérature, au sens large, doit être une sorte d'antipsychologie. Le texte de l'*Histoire de la folie* se termine d'ailleurs sur les conditions de possibilité de la psychologie, et Foucault montre très bien comment l'homme vrai ne peut être vrai qu'à la condition de se fonder sur un homme fou, qu'il exprime et qu'il dénie à la fois. Foucault trouve ainsi, avec la littérature, une machine à déconstruire la psychologie. La trame même du texte est traversée par l'expérience de cette déconstruction.

R. E. : « Là où il y a œuvre, il n'y a pas folie, dit Foucault ; et pourtant la folie est contemporaine de l'œuvre, puisqu'elle inaugure le temps de sa vérité. » Ne peut-on pas comprendre cette phrase de deux manières ? D'une part, comme une critique de l'illusion rétrospective, au sens où l'œuvre inerte et achevée serait à la folie ce qu'un tapis de feuilles mortes est à la profondeur de l'étang qu'elles recouvrent et qui les tient en suspension. D'autre part, comme la formule secrète d'un art qui s'épuiserait dans son geste créateur et que ses effets intéresseraient moins que son effectuation elle-même. C'est-à-dire, finalement, d'un art de la performance, qui culminerait dans l'absence d'œuvre, d'un art où l'œuvre compte moins que l'audace dont elle témoigne et qui l'aurait suscitée.

G. L. B. : Il y a peut-être une nouvelle expérience de l'œuvre faite par Foucault, qui est la suivante : le régime de l'œuvre contemporaine est de pouvoir abolir la possibilité même de vouloir *faire œuvre*. Comme s'il y avait dans le « désœuvrement » quelque chose comme une expérience...

R. E. : ... un mot qu'il faut entendre dans tous les sens...

G. L. B. : Exactement. Le désœuvrement du désœuvré, du marginal, du *Neveu de Rameau*, si on revient à lui, est aussi le désœuvrement du hors-d'œuvre, pour jouer encore sur le terme, c'est-à-dire d'une œuvre qui n'est plus limitée par l'impératif de faire œuvre. Je crois que Nietzsche, Artaud, mais aussi Hölderlin, éprouvent dans leur propre travail, dans leur propre pratique, quelque chose comme un impératif du désœuvrement.

R. E. : Vous avez parlé du *Neveu de Rameau*, or on peut se servir du chef-d'œuvre de Diderot pour commenter le rapport de Foucault à la philosophie des Lumières et en même temps son rapport à la folie.

> « L'aventure du *Neveu de Rameau* raconte la nécessaire instabilité et le retournement ironique de toute forme de jugement qui dénonce la déraison, comme lui étant extérieure et inessentielle. La déraison remonte peu à peu vers ce qui la condamne, lui imposant une sorte de servitude rétrograde. La raison ne peut pas dresser constat de folie sans se compromettre elle-même dans les relations de l'avoir. La déraison n'est pas hors de la raison, mais justement en elle, investie, possédée par elle, et chosifiée : c'est, pour la raison, ce qu'il y a de plus intérieur et aussi de plus transparent, de plus offert. Tandis que la sagesse et la vérité sont toujours indéfiniment reculées pour la raison, la folie n'est jamais que ce que la raison peut posséder d'elle-même[1]. »

> « Et puis il y a eu... Eh bien les fous étaient, jusqu'à la fin du XVIe siècle, traités de deux façons, disons de trois façons. Ou bien ils étaient traités dans les hôpitaux et soignés comme tels, avec les médicaments et les thérapeutiques de l'époque, c'est-à-dire saignées, etc. Ou bien ils étaient enfermés, en général, dans des sortes de citadelles, dans des tours, des forteresses qui entouraient les villes ; ils étaient là, on les montrait ; c'étaient des sortes à la fois d'emblèmes de

1. *Histoire de la folie à l'âge classique*, *op. cit.*

terreur et de répulsion. Et puis, troisième possibilité, bien sûr, ils circulaient librement. Et on trouve dans la littérature du XVIe siècle, et encore dans la littérature baroque du début du XVIIe siècle, beaucoup d'allusions à ces personnages de fous qui distrayaient le public ; il y en avait même qui étaient célèbres, il y en avait qui écrivaient des livres : au début du XVIIe siècle, quelqu'un qui signait "le comte de Permission", et qui était un fou célèbre, protégé par les plus grandes familles françaises, vivant à leurs crochets, a publié des œuvres. Des œuvres qui sont des œuvres de délire, n'est-ce pas[1]... »

La suite du texte de Foucault sur Diderot affirme une filiation directe entre *Le Neveu de Rameau* et la figure d'Antonin Artaud. Pourquoi une telle filiation chez Foucault ? Et que signifie-t-elle ? Quel est le sens de cette « généalogie », au sens familial du terme ? Dans quelle mesure Diderot serait-il l'aïeul d'Antonin Artaud ?

G. L. B. : Dans ce passage-là, Foucault nous montre que *Le Neveu de Rameau* est, au fond, l'aïeul de toute cette lignée de fous errants, qui écrivent au bord de la folie, dont, effectivement, Artaud. Quel est leur point commun ? Pour le comprendre, il faut revenir juste un tout petit peu en amont avec le texte de Descartes.

1. Michel Foucault, archives France Culture.

R. E. : Dans la première *Méditation métaphysique*, le fameux : « Mais quoi, ce sont des fous… »

G. L. B. : « … Je serais plus insensé qu'eux encore… »

R. E. : « … si je me comparais à ces extravagants. »

G. L. B. : On se souvient que Foucault a montré comment l'expérience classique de la raison supposait un partage absolu entre raison et déraison. C'est ce partage que vient contredire le texte littéraire de Diderot, en renouant avec une expérience tragique de la déraison, comme ce fonds originaire d'où va émerger la raison, à la fois grâce à la déraison mais en l'occultant en même temps. C'est dans ce retournement de la raison par rapport à la déraison, que Foucault analyse dans *Le Neveu de Rameau*…

R. E. : … un dynamitage de la raison par la folie ?

G. L. B. : … un retour à la porosité de la raison et de la déraison, un retour à l'inquiétante étrangeté que la déraison produit « à l'intérieur » de la raison, celle-ci étant en quelque sorte dans l'obligation de se retourner en permanence vers une déraison qui l'« excède », dans tous les sens du terme. C'est ce que Diderot, selon Foucault, fait revenir dans l'histoire littéraire de la folie.

Autrement dit, Diderot inaugure une nouvelle relation à la déraison, qui avait été recouverte par l'âge classique, une relation tragique, qui remonte au Moyen Âge. C'est cette nouvelle relation, cette nouvelle expérience de la déraison qui fait vaciller la raison que va retrouver Antonin Artaud, notamment dans un geste qui consiste à faire totalement rejouer la déstabilisation originaire du partage qui avait été conquis de façon lumineuse par l'expérience classique.

R. E. : C'est quand même extraordinaire que Foucault se serve de Diderot pour revenir sur un tel partage. Il se sert de celui qu'on tient pour le philosophe des Lumières par excellence.

G. L. B. : En même temps, il ne prend pas n'importe quel texte de Diderot. *Le Neveu de Rameau* est un dialogue entre Moi et Lui, Moi, le philosophe, effectivement, et Lui, le neveu de Rameau, une espèce de bohémien, joueur d'échecs à ses heures, errant dans Paris, etc., et c'est cette figure-là qui vient complètement déstabiliser la figure du philosophe des Lumières. C'est cette figure de l'errant qui renouvèle totalement l'expérience de la déraison, lui redonne un rôle positif. C'est cela que va reprendre Artaud, mais que reprendront aussi à leur manière Hölderlin, Nietzsche, Nerval, tous les autres.

R. E. : Il faut quand même rappeler, pour ceux qui ne l'ont pas en tête, que Moi et Lui sont aussi bien la même personne...

G. L. B. : Il faut imaginer qu'au moment où Descartes, dans la première *Méditation*, dit : « Mais quoi, ce sont des fous », on ait quelqu'un qui intervienne et qui réponde au philosophe : au fond, qu'est-ce que c'est que ce fou qui, etc. ? Il faut imaginer une espèce de vacillement du Moi philosophe par Lui, le fou, etc. De ce point de vue, Foucault en fait un anti-cartésien qui inaugure une nouvelle expérience de la folie, à condition quand même, il le précise dans le texte, qu'on puisse redécouvrir ce qui a été recouvert par la médicalisation de la folie.

R. E. : C'est-à-dire que, aussi fou que le fou – quoique différemment – est celui qui ignore sa propre folie.

G. L. B. : Exactement. C'est même ce qui ouvrait la préface de 1961, avec cette référence à Pascal. On cite toujours Nietzsche, Hölderlin, Nerval, etc. Il y a une autre filiation, qui va de Pascal à Diderot, une espèce de filiation sceptique qui parcourt aussi l'*Histoire de la folie*. Car ce texte est également un travail de scepticisme à l'égard de ce qu'est la raison et de l'assignation de la folie à la déraison.

R. E. : Est-ce qu'il n'y a pas, sinon une contradiction, au moins une tension permanente, dans l'*Histoire de la folie*, entre l'extrême, l'extraordinaire pureté stylistique et classique de la forme, et l'objet qu'une telle forme se donne pour objet ? C'est une question qui engage, pardonnez-moi d'être indiscret, votre propre travail, pour moi qui l'ai un peu parcouru. Vous avez une certaine prédilection pour les philosophes de la mobilité, de l'instabilité, de la « labilité » : Canguilhem, Nietzsche, Foucault. Vous pensez à partir de philosophes, ou d'une philosophie, dont le sol est indéfiniment mobile. Que peut-on construire sur ce sol meuble de la philosophie, c'est-à-dire une fois qu'on a renoncé à des partages absolus, notamment celui de la raison et de la déraison ? Comment construire quelque chose là-dessus sans verser dans un classicisme extrême qui semble contredire, finalement, l'ambition de l'*Histoire de la folie* ? Est-ce qu'au fond le problème de Foucault ce n'est pas qu'il est, lui-même, loin d'être fou ?

G. L. B. : C'est une très belle question. Ce qu'on peut essayer de construire, c'est d'essayer d'établir des déliaisons dans l'ordre des discours...

R. E. : ... remettre du désordre dans la philosophie...

G. L. B. : Oui, la faire sortir un peu de son sillon, la rendre un peu exorbitée, au sens strict du terme. Le sens véritable consiste à pouvoir retracer des expériences qui sont toujours à l'intérieur des discours mais qu'aucun discours n'a la possibilité de capturer totalement. Je dirais que ce que Foucault fait à partir de la folie, c'est d'essayer de ressaisir quelque chose comme une expérience de la folie. En ce sens, pour qu'il y ait expérience, il faut aussi qu'il y ait de la contingence. Le grand art de Foucault, de ce point de vue, c'est d'avoir proposé, malgré les apparences, une philosophie de la contingence, c'est-à-dire la question de la possibilité de l'expérience : que peut-on faire au juste de la folie ? Que peut-on faire au juste de la sexualité ? C'est également la question qui m'intéresse : que peut-on faire au juste de l'expérience de la précarité, par exemple ?

R. E. : Vous avez travaillé sur la précarité, vous avez travaillé sur l'étrangeté...

G. L. B. : Qu'est-ce qu'on peut faire de l'expérience d'être désigné étranger ? Comment ces expériences peuvent-elles avoir un autre statut que leur simple désignation négative ? Qu'est-ce qui, dans notre présent, est sujet à la transformation ? C'est ce que Foucault essaie de penser dans l'*Histoire de la folie*. Il tente, au fond, de « désassigner » la folie à sa désignation négative, qui verrait en elle bruit, fureur et tremblements, et il essaie de voir dans la folie quelque chose comme une structure, une expérience tragique.

R. E. : Encore une fois, Guillaume Le Blanc, est-ce qu'à l'image du neveu de Rameau qui dynamite la raison cossue, ou qui sème le chaos dans la *maison* cossue où il est reçu (où il est payé pour être le fou, justement, ce qui rend fou tout le monde, y compris lui-même, puisqu'il est littéralement fou – de rage – d'avoir été viré), la folie ne joue pas un drôle de tour à la raison, en invitant celle-ci à tenir la folie non pas pour un autre qu'elle maîtrise, c'est-à-dire la déraison, mais finalement un autre qu'elle ne maîtrise pas ? Est-ce qu'il n'y a pas, encore une fois, chez Michel Foucault, comme le secret de cette œuvre, le travail souterrain d'une folie qui dicterait ses conditions à la raison ?

G. L. B. : En tout cas, je crois que Foucault se laisse emporter par une expérience qu'il ne cherche pas à capturer totalement. C'est pourquoi ce passage sur *Le Neveu de Rameau* est si important. Il y a volontairement quelque chose de « pervers » chez Foucault dans ce passage. Quand on sait le traitement qu'en a fait Hegel, par exemple, dans *Phénoménologie de l'esprit*, qui voit dans *Le Neveu de Rameau* la mise sous tutelle de la déraison par la raison, au nom d'une dialectique de l'esprit que, justement,

Foucault s'emploie à déconstruire dans son propre livre, pour montrer que c'est cette espèce de potentialité à vif du négatif de la déraison qui vient abîmer les cadres de la raison. C'est pourquoi je crois qu'il y a une espèce de constellation souterraine dans l'*Histoire de la folie* entre Foucault et Diderot. Je dirais que l'*Histoire de la folie* c'est presque un dialogue entre le neveu de Rameau et Foucault lui-même.

R. E. : Plutôt Diderot que Hegel, plutôt Nietzsche que Descartes... Continuons avec Artaud et cet échange en canon entre deux textes de Foucault d'une part et le début de *Centre-mère et patron-minet* d'autre part.

> « Je crois justement que l'expérience tragique de la folie est tout à fait caractéristique du théâtre du XVIe siècle et du début du XVIIe siècle : la folie chez Shakespeare est quelque chose de tout à fait capital. L'intéressant c'est justement que, à partir du milieu du XVIIe siècle, en somme avec *Andromaque*, on a la dernière tragédie classique qui parle encore de la folie. À partir de 1650, on peut dire, je crois, que la folie et la raison sont séparées, sont séparées dans les choses, sont séparées dans les hommes : les hommes qui sont fous n'ont plus le droit de faire partie de la société. Et au moment où se fait ce partage, où la dissociation entre l'expérience de la déraison et l'expérience de la raison est définitivement sanctionnée, à partir de ce moment-là, la folie n'apparaît plus que comme

une chose dont la raison va pouvoir s'emparer et sur laquelle la raison va pouvoir spéculer, comme sur un objet scientifique, et la psychiatrie devient possible[1]. »

« Plomb d'une dent avariée et qu'on a fait tourner en bourrique autour du clou de son piquet. La dent est grise le plomb est lourd le pol de la bête est tapin car rien comme un âne en effet pour caracoler sans bénéfices. [...] Chatte mite et patron-minet sont les deux vocables salauds que père et mère ont inventés pour lui mettre la panse en haut or celui qui s'était inventé lui-même ne l'a pas compris assez tôt. Le centre-mères n'était nulle part quand les chattes ne cessaient pas de l'introduire comme une clé partout ni trop ni faciliter la viscosité du crime épais par goût de la viscosité pour jouir de lui au plus gros. [...] Qu'est-ce que ça peut te faire après tout puisque nous sommes satisfous ? Mais celui qui s'était inventé lui-même connaissait le point d'escargot où rien ne va plus quand tout mène depuis toujours au même trou non dans la terre ou dans le loup, dans le chat ou dans le toutou[2]. »

« Ramené à cette destruction de soi qui est aussi bien son hasard de naissance, le langage aléatoire de Raymond Roussel dessine une figure étrange. Comme tout langage littéraire, il est destruction

1. Michel Foucault, archives France Culture.
2. Antonin Artaud, *Centre-mère et patron-minet, Œuvres complètes* t. XII, Gallimard, 1974.

violente du ressassement quotidien, mais il se maintient indéfiniment dans le geste hiératique de ce meurtre. Comme le langage quotidien il répète sans trêve, mais cette répétition n'a pas pour sens de recueillir et de continuer : elle garde ce qu'elle répète, dans l'abolition d'un silence qui projette un écho nécessairement inaudible. Le langage de Roussel s'ouvre d'entrée de jeu au déjà dit, qu'il accueille sous la forme la plus déréglée du hasard, non pas pour dire mieux ce qui s'y trouve dit, mais pour en soumettre la forme au second aléa d'une destruction explosive et de ces morceaux épars, inertes, informes, faire naître, en les laissant en place, la plus inouïe des significations[1]. »

Guillaume Le Blanc, pourquoi Michel Foucault fait-il si grand cas de l'œuvre de Raymond Roussel ?

G. L. B. : Effectivement, il lui consacre un livre entier. Il est vrai qu'avant lui peu s'y sont intéressés. Il y a eu les surréalistes, un peu, mais c'est vraiment lui qui le met en avant. Il était fasciné par le surgissement de la fiction chez Roussel. Il voit dans la machine littéraire Roussel quelque chose comme l'expérience même de la fiction, et une fiction ce n'est pas nécessairement une hallucination mystérieuse

1. Michel Foucault, *Raymond Roussel*, Gallimard, coll. « Folio essais », 1992.

dans un quelconque au-delà du quotidien, c'est justement, comme il le dit dans cet extrait, quelque chose qui naît du ressassement du quotidien, d'une répétition. La fiction littéraire vient toujours faire surgir un monde qui n'est pas le lieu du quotidien, qui le redouble et le défigure. C'est cela, je crois, qui fascine Foucault : comment la littérature peut « produire » de la fiction.

R. E. : ... et transfigurer une réalité qu'elle permet d'assumer de cette façon, comme avec Baudelaire.

G. L. B. : Effectivement, avec Baudelaire il y a de la transfiguration : c'est le mode d'être du dandy, etc. Avec Roussel, ce serait plutôt quelque chose comme une expérience radicale du pouvoir du langage sur le langage lui-même : comment le langage, en prenant comme objet le langage lui-même, crée un espace littéraire, et comment il s'autonomise par rapport au monde quotidien. Ce qui donnera, dans *Les Mots et les choses*, toute cette expérience qu'il appellera l'« être du langage ». Il ne faut pas oublier que *Les Mots et les choses* se terminent, vous y avez fait référence, sur la disparition de la figure de l'Homme et sur l'apparition d'une nouvelle figure, qui est celle de l'« être du langage », cet être du langage qui a été l'expérience même de la nouvelle littérature, du nouveau roman, et de ces écrivains qui ont cherché à faire du langage l'objet même de l'expérience littéraire. C'est cela qu'il trouve dans Roussel. Un jour, Foucault remettra en question cette fermeture du langage sur lui-même et demandera à la fiction de fonctionner à l'intérieur de la machinerie du pouvoir plutôt qu'hors d'elle. Ce sera notamment le cas dans un petit texte sublime : « La vie des hommes infâmes ».

> « Cet obsédé que fut médicalement Roussel, cet obsédé du langage, de l'identité et du double, a construit un prodigieux labyrinthe de glaces où les choses sont prises, reflétées, répétées, esquivées, dédoublées, cachées et montrées par les mots qui sont leurs miroirs. Et dans ce jeu le plus simple, mais doué d'un extraordinaire pouvoir de vertige, la perception méticuleuse du réel et le vagabondage astral de l'imaginaire sont l'un et l'autre indissociablement captifs. Par le jeu de l'identique et de la répétition, du même et du double, le langage est capable de tout cela à la fois. De la simple coquille du mot peut jaillir une déflagration qui, en un seul éclair, nous donne la couleur réelle et modeste des choses et la grande lumière du rêve. C'est à cette déflagration en son point d'origine, en son aurore pure, que Roussel, de sa voix insistante, nous a conviés. Il ne fut pas écouté. Son dernier livre pourtant, écrit en 1928, après toutes les œuvres descriptives et après toutes les œuvres à procédé, disait bien ce que toutes elles voulaient dire. C'est une sorte de dictionnaire en quatre

chants, et en vers bien sûr, où le langage apparaît dans son pouvoir de superposer les choses ou de les faire éclater, de les couper d'un geste meurtrier ou de les rapprocher dans un ciel impossible. Le langage à lui tout seul, et dans ce qu'il a de plus simple, apparaît chargé de cette fonction souveraine, nocturne, d'accouplement et de destruction, d'incantation du hasard, du rire muet, que les surréalistes prêtaient aux puissances, mal nommées sans doute, de l'inconscient. Mais ce langage tout de noir vêtu n'est pas autre chose que celui, clair, qui fait naître les choses, leur lumière, et la grande plage illuminée sous le regard[1]. »

1. Michel Foucault, archives France Culture.

La Folie

avec Nicolas Grimaldi

Raphaël Enthoven : J'aimerais revenir avec vous, Nicolas Grimaldi[1], sur l'importance qu'attache Michel Foucault à un passage de la première *Méditation métaphysique* de Descartes, dont je rappelle pour mémoire le propos : « Comment pourrais-je nier que ces mains et ce corps-ci soient à moi, si ce n'est peut-être que je me compare à ces insensés de qui le cerveau est tellement troublé et offusqué par les noires vapeurs de la bile qu'ils assurent constamment qu'ils sont des rois, alors qu'ils sont très pauvres, qu'ils sont vêtus d'or et de pourpre lorsqu'ils sont tout nus, ou s'imaginent être des cruches ou avoir un corps de verre. Mais quoi ? ce sont des fous. Et je ne serais pas moins extravagant si je me réglais sur leurs exemples. »

1. Philosophe et auteur d'*Une démence ordinaire*, PUF, 2009.

Dans son *Histoire de la folie à l'âge classique*, Michel Foucault commente cette phrase pour en faire, en un sens, à la fois la matrice et le symptôme de ces procédures d'enfermement (à tous égards) de la folie dans le cadre de la raison, de réduction de la folie à la déraison, dont témoigne à ses yeux l'âge classique, en termes philosophiques comme sociologiques d'ailleurs. Que pensez-vous de l'interprétation de cette citation de Descartes qu'il propose, de cette excommunication de la folie par Descartes, du sentiment cartésien qu'au fond la pensée ne peut pas être folle ?

Nicolas Grimaldi : Vous étonnera-t-il si je vous dis que l'interprétation de Foucault, pour brillante qu'elle soit, me paraît se rendre en partie aveugle au sens même, au mouvement même de l'argumentation cartésienne ?

R. E. : C'est-à-dire ?

N. G. : Je n'ai pas le texte sous les yeux, mais je le connais à peu près par cœur. Que nous dit Descartes ? Ceci : « Si je doutais de tout, je serais comme ces fous. » D'où l'interjection : « Mais quoi ! Je suis un homme raisonnable, donc je ne suis pas fou. » Aussitôt, car toute la première *Méditation* est construite par un mouvement conquérant du doute et un repli par une objection, il résout cette objection et une nouvelle objection arrive. À l'objection de la folie (vous ne pouvez pas douter, il faudrait être fou), il répond : « Mais quoi ! Combien de fois ne m'est-il arrivé de croire que j'étais assis auprès du feu, avec cette feuille entre les mains, alors que j'étais tout nu dans mon lit ? » Ce que nous dit donc Descartes c'est que chaque fois que nous rêvons, nous prenons l'irréel pour réel et le réel pour irréel. À cet égard, tout rêveur est donc un fou qui s'ignore, un fou en liberté. Qu'est-ce qui peut nous réveiller de cette folie ? Rien que le doute. De sorte que Descartes nous dit implicitement que tous les hommes qui ne philosophent pas ou qui ne doutent pas sont des fous en liberté, puisqu'ils prennent le faux pour le vrai ou l'irréel pour le réel. Ils prennent les qualités secondes pour les qualités premières. Ils croient que la chaleur est inhérente au bois ou que la couleur est inhérente au fruit, etc.

R. E. : Ou que la vessie est inhérente à la lanterne…

N. G. : Voilà. Ou que les étoiles sont comme de petites bougies. Bref, ils croient, et quand ils croient, ils sont comme des fous. C'est une douce folie. En effet, ils n'agressent pas les gens, ils ne les tuent pas. Et rien ne peut nous guérir de cette folie que le doute. De sorte que tout homme qui ne s'est pas soumis à l'épreuve du doute est une sorte de fou ou de rêveur insomniaque.

R. E. : J'ai deux objections à vous faire. D'abord, Foucault lui-même distingue chez Descartes, à bon droit d'ailleurs, la folie du rêve. Il dit que « la folie se situe à mi-chemin de l'onirique et de l'erroné ». On retrouve d'ailleurs ici un sens de l'allitération, de la sonorité chez Foucault tout à fait remarquable : « entre onirique et erroné ». Il ne la réduit pas au rêve. Ce que Descartes lui-même d'ailleurs ne fait pas. La deuxième objection, c'est que dans les fameux trois rêves de Descartes en 1619 rêve d'un melon et celui-ci raconte lui-même qu'à l'intérieur même de ce rêve il analyse son propre rêve. En d'autres termes, on peut, selon Descartes, rêver tout en étant conscient qu'on rêve, rêver sans être fou.

N. G. : C'est cela. Il rêve qu'il interprète le rêve qu'il vient d'avoir. L'un de ses rêves lui présente un recueil de poésies, l'autre le melon. Il s'éprouve contraint par ce rêve à une mission que les puissances ténébreuses lui assignent : unifier toutes les sciences, de même que le recueil de poésies rassemble tous les poètes. On pourrait commenter ce rêve, qui montrerait un peu la folie de Descartes, car s'il n'avait déjà eu cette volonté paranoïaque (je vais expliquer toute chose, réunir toutes les sciences en une seule), s'il n'en avait déjà formé ne serait-ce que de façon imaginaire ou inavouée le projet, jamais il n'eût ainsi commenté son rêve.

R. E. : De sorte que le fait que Descartes pense la possibilité de savoir qu'on rêve tout en rêvant n'est pas une objection au fait que le rêveur est un fou qui s'ignore.

N. G. : Il a rêvé, puis il rêve qu'il interprète son rêve, mais il est toujours dans le rêve. Car le propre de celui-ci, en dépit de ce que dit Freud, je crois, est d'éprouver tout ce qui est réel comme irréel et comme absolument réel l'irréalité qui le hante. Ce qui fait la force du rêve, c'est qu'on l'éprouve comme une réalité. Le rêve est éprouvé comme d'autant plus réel, il a un coefficient d'autant plus élevé de réalité qu'on ne peut pas lui échapper dans le moment où on l'éprouve. Dans la vie réelle – ce qui fait que la réalité est un peu moins réelle qu'un rêve –, je peux fuir une réalité qui m'offense, m'opprime. Je peux m'échapper. En revanche, dans le rêve, il n'y a pas d'échappatoire.

R. E. : Je comprends le paradoxe : on ne peut pas fuir la fuite elle-même.

N. G. : Il y a une obnubilation propre au rêve. Alors que, dans la réalité, je puis imaginer mille conduites possibles, chercher une solution au problème qui m'est posé.

R. E. : Mais il n'y a pas d'échappatoire à l'échappatoire lui-même...

N. G. : Il n'y a pas d'échappatoire au rêve et, en cela, il est comme la croyance : je crois totalement au rêve qui me hante. C'est en cela qu'il m'a semblé que le rêve pourrait, à bien des égards, servir de modèle, de paradigme, pour comprendre la croyance, ce qui fait qu'elle nous rend aveugle à toute une partie de la réalité.

R. E. : C'est, Nicolas Grimaldi, l'objet de votre livre *Une démence ordinaire*. La question que vous posez est celle de savoir finalement s'il est possible de ne pas croire en sa croyance. Comment croire sans savoir qu'on croit ?

N. G. : Je me pose aussi cette question : dans quelle mesure sommes-nous responsables de nos croyances ? Je réitère à propos du XXe siècle les questions que Voltaire s'était déjà posées à propos des XVIIe et XVIIIe. Ce livre est conçu comme un contrepoint. Il y a un premier sujet : quel est le problème du sens de l'existence ? Et un contre-sujet : le sens de l'existence peut-il n'être pas l'accession à la Jérusalem céleste, ou la construction de la Jérusalem terrestre ? Il y a un chapitre sur le fait que nous cherchons le sens de l'existence, puis deux autres qui sont consacrés à la croyance et au fanatisme, consistant à montrer que le sens de l'existence ne peut pas être ce que la croyance nous promet. Et un quatrième, enfin, qui est une reprise, et dessine ce que peut être le sens de l'existence, indépendamment de toute promesse à la fin des temps, qu'il s'agisse du savoir absolu, de la société sans classes ou du royaume de Dieu.

R. E. : De la croyance, vous dites qu'elle n'a besoin d'aucun lien avec la réalité. Et même que plus elle est loin de la réalité – c'est tout le paradoxe de la croyance –, plus elle est solide. Sa solidité est à la mesure de son éloignement du réel. En somme, moins elle s'offre à la possibilité du démenti, plus elle est solide. C'est ici qu'on peut parler en un sens de folie, c'est-à-dire d'un système qui, en aucun cas, ne s'expose à la possibilité d'être réfuté par la réalité.

N. G. : Oui. Il m'a semblé que Kant s'était un peu mépris lorsqu'il avait défini la croyance comme un degré de la connaissance. Qu'est-ce qu'une croyance à ses yeux ? C'est une connaissance fragile, mal fondée, mais pas totalement dépourvue de quelque vraisemblance ; une connaissance que nous ne pourrions pas faire partager à l'ensemble des hommes. À l'inverse, une croyance fondée sur suffisamment de faits ou de démonstrations, pour que tous ceux qui voudront les considérer la partagent, devrait porter le nom de science. Il m'a semblé que Kant s'était un peu mépris sur le caractère de la croyance. Si la croyance était ce qu'il dit, ce qu'elle est en fait, si j'ose dire objectivement, une connaissance friable, incertaine, une connaissance qui manque de preuves, de fondements...

R. E. : ... c'est à la fois une double méconnaissance : la croyance est une méconnaissance du réel et qui, par ailleurs, s'ignore comme telle.

N. G. : Le propre de la croyance est de ne pas vouloir reconnaître qu'elle soit une pauvre croyance. De sorte qu'elle relève moins d'une débilité ou d'une indigence de l'entendement, de la faculté de la connaissance...

R. E. : ... que d'un envoûtement.

N. G. : C'est cela... que d'une arrogance de la volonté : j'y crois parce que cela me fait plaisir d'y croire. Et toutes les raisons qu'on peut m'objecter ne valent rien contre l'intensité de la satisfaction que j'éprouve en y croyant.

R. E. : Nicolas Grimaldi, celui qui dit : « J'y crois », dit également : « J'en doute. » Permettez-moi deux exemples. Connaissez-vous des enfants qui croient dur comme fer au Père Noël ? Ou bien que se passe-t-il quand un enfant découvre que le Père Noël n'existe pas ? Il découvre quelque chose qu'il savait déjà. Toute la douleur de la découverte lui vient du fait qu'il n'était pas sans savoir ce qu'il feint de découvrir. Autre objection : si je dis « Je crois en Dieu », que dis-je par là ? Que je ne sais pas si Dieu existe, mais qu'en ce qui me concerne j'y crois, je fais le pari d'y croire. En d'autres termes, je doute.

N. G. : Vous parlez comme quelqu'un qui ne croit pas. Il me semble, en effet, que pendant que les enfants croient au Père Noël, ils ne doutent pas qu'il existe. Ils ne doutent pas plus de l'existence du Père Noël qu'ils ne doutent de la sincérité de l'affection de leur mère, de l'autorité de leur père, de son savoir-faire, etc. Quant à ceux qui croient en Dieu, je connais suffisamment de collègues, comme on dit, croyants. Je vais vous en donner un exemple. Je connais un professeur d'histoire de la philosophie dans une université qui croit tellement en Dieu que, son père étant mort (celui-ci avait souhaité que ses enfants se réunissent une fois par an ; mais une sœur est au Kenya, l'autre aux États-Unis, ce n'est pas très commode), tous les soirs, il le prie d'intervenir auprès de tel saint, de la Vierge, de Jésus, afin de permettre leur réunion. Un jour qu'il est invité à un colloque à Ceylan, il demande à l'agence de voyages s'il est possible de faire escale au Kenya. Évidemment, lui répond-on. Or, voici la croyance : « Tu vois, me dit-il, combien notre père demeure actif et vigilant. De là où il est, il a tout fait pour que je puisse revoir ma sœur. »

R. E. : Vous voulez dire que quelqu'un qui croit ne doute pas de ce qui fait l'objet de sa croyance...

N. G. : Il ne doute absolument pas, car ce que nous prenons pour un miracle est capable d'une double lecture. On peut dire que plusieurs chaînes de causalité se sont réunies pour produire tel événement : il était nécessaire qu'il se produisît. Mais le croyant a le sentiment, puisqu'il a demandé cette faveur, que Dieu a mis à profit cette causalité naturelle. Tout simplement, c'est un signe qu'il nous envoie, une réponse à l'attente que nous lui avions exprimée dans notre prière.

R. E. : Mais comment expliquez-vous qu'une démonstration physique, rationnelle – par exemple la démonstration du fait qu'aucun homme ne peut, en vertu des lois de la physique, marcher sur l'eau –, qu'une telle démonstration n'ait aucune prise sur des esprits parfaitement structurés par ailleurs, mais qui continuent de croire que « Jésus a marché sur les eaux » ? Est-ce que cela tient au fait que les esprits en question sont tellement bornés qu'aucune physique ne peut accéder à leur sentiment ? Ou bien cela tient-il au fait qu'eux-mêmes savent déjà qu'aucun homme ne peut marcher sur l'eau et que c'est précisément parce qu'ils ne l'ignorent pas qu'ils choisissent de croire que c'est le cas d'un seul ? Comment se fait-il que les demi-habiles n'aient aucune prise sur les hommes de foi ?

N. G. : Si c'était qu'ils fussent bornés, ce serait à cause de leur entendement, des limites de leurs connaissances, de leurs capacités, de leur intelligence. Or il ne s'agit pas de connaissance, il ne s'agit pas d'entendement, mais de volonté. Ils se sont engagés à croire à la chose la plus invraisemblable. Prenons des exemples plus récents encore. Pierre Pascal, normalien, futur professeur d'allemand à la Sorbonne, était communiste. Il était en Russie en 1917, et il y reste. Débarquent de jeunes intellectuels parisiens – en 1920, en pleine famine, en pleine pénurie – qui sont émerveillés de voir autant d'abondance. Ils disent : « J'ai vu hier un fonctionnaire de la Prombank qui m'a dit que notre accumulation annuelle dépasse celle des États-Unis ! » Pierre Pascal nous dit : ils refusaient de voir ce qu'ils avaient sous les yeux, et ne croyaient que ce qu'ils ne pouvaient pas voir. Jean-Toussaint Desanti, dans des entretiens, raconte que quand il était en Russie, il était très difficile de trouver une boîte d'allumettes. Néanmoins, dit-il, nous ne doutions pas du succès économique de l'URSS, qui devait se manifester dans le développement de l'industrie lourde, dans le complexe industriel, dans le spoutnik, etc. Et il ajoute, dans un autre texte : ceux d'entre nous, qui n'appartenaient pas au Parti doutaient fort que les procès de 1936 eussent le moindre fondement.

Mais à peine étaient-ils entrés au Parti qu'ils n'en doutaient plus.

R. E. : C'est dire peut-être qu'ils en doutaient encore...

N. G. : Non, je ne le pense pas.

R. E. : Comment un homme peut-il assumer en lui-même la décision de ne plus douter ?

N. G. : Si l'on doutait, personne ne serait assez inhumain pour consentir à l'élimination, à l'humiliation, au servage de millions d'hommes, si ce n'était pour une croyance que nous prenons comme telle, c'est-à-dire bien fragile. On ne peut l'accepter que si on est persuadé que ces hommes incarnent le mal, que le bien est en marche et qu'il faut donc éliminer tous ceux qui retardent ou s'opposent à son accomplissement...

R. E. : À moins de faire de cet idéal en question une pulsion de mort, et de considérer que plus un homme doute du dieu auquel il adhère, plus il est prêt à mourir pour lui. Comme si le geste qui était le sien était une preuve supplémentaire du dieu dont l'existence ne lui est pas garantie. Comment comprendre, par exemple, l'argument qu'un fanatique croit moins en Dieu que celui qui y croit de bonne foi, et qui s'inspire de la croyance qui est la sienne tout simplement pour faire le bien autour de lui ?

N. G. : Rousseau, Guyau le répètent : une religion qui commence à douter si peu que ce soit de ses croyances est déjà en voie de disparition. Une croyance qui se remet en question est déjà incroyante. La question est celle-ci, me semble-t-il : comment peut-on croire qu'on sait sans savoir qu'on croit ?

R. E. : C'est la phrase d'Alain Besançon à propos des staliniens de son temps.

N. G. : C'est une phrase de Sartre dans *L'Être et le néant*. C'est le problème de la croyance. Plus celle-ci est faible, plus on a tendance à y sacrifier de choses pour la revigorer. Ce sont les martyrs chrétiens dans l'arène, c'est Blandine ou saint Sébastien, avant que ce ne soit tous ceux qui, se sachant innocents, ne veulent pas se dissocier du parti et finissent par dire : « Oui, je suis coupable. » Ce sont les innocents qui plaident leur culpabilité.

R. E. : Vous avez parlé de Pierre Pascal tout à l'heure. Évoquons un autre Pascal, Blaise, et ce qu'il dit dans son fameux texte : « Tous les hommes recherchent d'être heureux. »

> « Tous les hommes recherchent d'être heureux. Cela est sans exception, quelque différents moyens qu'ils y emploient. Ils tendent tous à ce but. Ce qui fait que les uns vont à la guerre et que les autres n'y vont pas est ce même désir qui est dans tous

les deux, accompagné de différentes vues. La volonté ne fait jamais la moindre démarche que vers cet objet. C'est le motif de toutes les actions de tous les hommes. Jusqu'à ceux qui vont se pendre.

Et cependant depuis un si grand nombre d'années jamais personne, sans la foi, n'est arrivé à ce point où tous visent continuellement. Tous se plaignent, princes, sujets, nobles, roturiers, vieux, jeunes, forts, faibles, savants, ignorants, sains, malades, de tous pays, de tous les temps, de tous âges et de toutes conditions.

[…]

Qu'est-ce donc que nous crie cette avidité et cette impuissance, sinon qu'il y a eu autrefois dans l'homme un véritable bonheur, dont il ne lui reste maintenant que la marque et la trace toute vide, et qu'il essaie inutilement de remplir de tout ce qui l'environne, recherchant des choses absentes le secours qu'il n'obtient pas des présentes, mais qui en sont toutes incapables, parce que ce gouffre infini ne peut être rempli que par un objet infini et immuable, c'est-à-dire que par Dieu même.

Lui seul est son véritable bien. Et depuis qu'il l'a quitté, c'est une chose étrange qu'il n'y a rien dans la nature qui n'ait été capable de lui en tenir la place : astres, ciel, terre, éléments, plantes, choux, poireaux, animaux, insectes, veaux, serpents, fièvre, peste, guerre, famine, vices, adultère, inceste. Et depuis qu'il a perdu le vrai bien, tout également peut lui paraître tel, jusqu'à sa destruction propre, quoique si contraire à Dieu, à la raison et à la nature tout ensemble. »

Nicolas Grimaldi, vous me disiez que ce texte de Pascal, vous auriez pu passer votre vie à le commenter…

N. G. : C'est vrai.

R. E. : Je me demande si vous ne l'avez pas fait, d'ailleurs.

N. G. : Vous m'ôtez les paroles de la bouche. Il me semble n'avoir pas achevé de le faire, mais peut-être ne me suis-je employé qu'à cela. Pascal nous dit : « Tous les hommes recherchent d'être heureux. Tous tendent à ce but. » Donc le bonheur est la finalité, l'ultimité d'une « tendance ». Cette tendance, c'est la vie. Car, sous quelque figure qu'on la considère, la vie est toujours une tendance, comme la graine tend à être un fruit, comme l'enfant tend à croître, à parvenir à sa forme adulte, etc. La vie est tendance. Aussitôt a-t-on remarqué que la vie se réfléchit en conscience, il devient vraisemblable de penser que la tendance, constitutive de la vie, se réfléchit en attente, constitutive de la conscience. De sorte que l'on pourrait dire que la tendance est à la vie ce que l'attente est à la conscience : son principe.

R. E. : Sa source vive.

N. G. : Or, une tendance n'existe que parce qu'elle est contrariée. Toute tendance est une dualité de tendances, sinon elle s'accomplirait déjà dans ce qu'elle tend à réaliser. Si elle ne le réalise pas, c'est parce qu'à l'effort s'oppose une résistance tout aussi originaire. Il y a donc un dualisme, un conflit, un antagonisme constitutif de la vie.

R. E. : Est-ce que cet antagonisme ne tient pas à la nature même du désir qui est le mien, du désir où s'origine cette tendance, d'un désir qui, reposant sur ce qui lui manque – telle est la conception que vous vous faites du désir, que vous proposez du désir –, d'un désir qui, reposant sur ce qui lui manque, se donne d'emblée un objet absolu, c'est-à-dire un objet de nature à le combler durablement, un objet dont le désir ne s'épuise pas dans l'obtention de l'objet qu'il se donne, mais qui, par définition, est un objet qui ne peut pas être obtenu ?

N. G. : Pascal récuse que ce soit par définition... S'il y a eu, autrefois, dans l'homme, « un véritable bonheur dont il ne lui reste maintenant que la trace et la marque toute vide », la trace est l'image en vide de ce qui a posé en plein son empreinte. De sorte que cette inquiétude, le fait que nous tendions toujours vers autre chose, comme dit Malebranche, que nous ayons toujours du mouvement pour aller plus loin, selon

Pascal ou selon Saint Augustin, ou selon Malebranche, est dû au fait que le péché nous a fait perdre ce que nous avions possédé, de sorte que le désir, l'attente, l'inquiétude sont précisément ce qui reste en nous de cette présence perdue, c'est-à-dire l'expérience d'une absence, le manque. Inversement, Leibniz, Hegel feront de cette inquiétude le dynamisme d'une positivité, ce par quoi le présent n'est jamais concilié avec lui-même, jamais satisfait de lui-même, de sorte que, sans cesse, il crée quelque chose de nouveau.

R. E. : Vous avez une troisième voie, un troisième terme... c'est Spinoza...

N. G. : Chez Spinoza, il n'y a rien à attendre...

R. E. : Précisément. Il n'y a rien à attendre et, à partir de là, n'ayant rien à attendre, puisqu'il serait déraisonnable en un sens de suspendre son bonheur à autre chose que soi, Spinoza propose un rapport au monde qui nous sort d'une dialectique du manque et de la satisfaction et qui, en même temps, s'attache à faire la généalogie de nos idées fausses, à essayer d'avoir la connaissance exacte de ce qui n'est pas encore une connaissance ou de ce qui n'est qu'un début de connaissance, c'est-à-dire, par exemple, la croyance.

N. G. : Je serais entièrement d'accord avec vous, sauf sur un tout petit point que votre analyse me paraît laisser un peu de côté, et qui me paraît à moi, au contraire, tout à fait originaire et fondamental, c'est l'*essentia actuosa*. Je le dis en français : le fait que tout ce qui est possible est réel, que tout ce qui est dans l'essence est dans l'existence. De sorte que chez Spinoza il ne peut pas y avoir de tendance, il n'y a pas de passage de la puissance à l'acte. C'est le problème de Spinoza, selon moi. La vie au sens biologique, c'est-à-dire au sens où la fin est déjà à l'œuvre dans le commencement, ce qui est le sens de la vie par exemple déjà chez Aristote, n'a aucune place chez Spinoza.

R. E. : Non, car le désir n'est pas l'expression du manque mais de la plénitude.

N. G. : Voilà. C'est pourquoi ce qu'on traduit par l'effort chez Spinoza, et qui est l'essence même de toute existence, c'est un effort pour *ne pas* changer. Alors que tout effort semble être une tendance au changement, c'est un effort pour demeurer, c'est-à-dire pour se conserver en dépit de tout ce qui nous menace.

R. E. : Revenons à nos moutons, c'est-à-dire à nos moutons fanatiques.

N. G. : Ce qui me paraît tout à fait fascinant dans cette *Pensée* de Pascal, c'est la fin. Depuis que nous avons perdu Dieu, il n'est rien qui n'ait pu en tenir place : nous vivons dans un fétichisme infini. Il n'est rien de si trivial ni de si insignifiant que nous ne puissions considérer comme nous tenant lieu de Dieu, au point de l'adorer. Il y a donc un aveuglement par rapport au réel : je ne veux pas voir sa finitude, sa précarité, sa pauvreté, alors je lui attribue une valeur ou une dignité absolument irréelles. Ce fétiche est le truchement de la toute-puissance, de la bienveillance. Par conséquent, nous allons déposer des offrandes auprès d'une source, d'une grotte, ou auprès des statues des saints, ou bien nous pensons que Dieu va se manifester lors d'un combat : celui qui sera battu, comme chez *Lohengrin*, celui qui sera défait, eh bien c'était forcément le coupable, puisque Dieu a donné la victoire à un autre. Tout cela, ce sont des billevesées, des fantasmagories.

R. E. : Revenons-en à ce que vous appelez « la démence ordinaire ». Le caractère ordinaire de cette démence est-il à comprendre dans le sens où Hannah Arendt l'entend, dans *Eichmann à Jérusalem*, à propos du procès Eichmann, de « banalité du mal » ? Les deux expressions se ressemblent en l'occurrence : « ordinarité » de la démence, ou « banalité » du mal...

N. G. : Tout à fait. Mais si j'ai parlé de démence ordinaire, ce n'est pas tout à fait au sens où Hannah Arendt parlait de la banalité du mal. Cette banalité du mal, j'y ai consacré un livre pour tenter de comprendre l'« inhumain ». L'inhumain, c'est Eichmann. En effet, lorsque vous lisez les chroniques, les mémoires des dirigeants de tous les camps d'extermination, ce qui frappe, c'est qu'ils ne sont pas des monstres. Rudolf Höss, le directeur d'Auschwitz, vit selon l'impératif catégorique. Eichmann dira : « Moi, j'ai toujours vécu selon l'impératif catégorique de Kant. » Ce sont de petits employés qui font le mieux possible tout ce qu'on leur demande de faire. Leur horizon ne va pas au-delà. Dans un premier temps, il y a ces millions de gens dont chaque seconde se transforme en calvaire, ils les ont sous les yeux, ils en organisent l'extermination, ils veillent à ce que le travail soit parfaitement exécuté, et ils ne voient rien d'autre. Dans toutes les guerres de religion, c'est la même chose. Il y a cet aveuglement, semblable à celui du rêve. Comme dans le rêve, l'irréel leur apparaît superbement réel. Quant à la réalité, ils n'en voient rien. D'autre part, ils sont entièrement happés par la croyance dans la toute-puissance, la bienfaisance d'un chef, d'une doctrine, d'un fantasme : lorsqu'on aura éliminé tous les juifs, l'humanité pourra enfin être sauvée ; lorsqu'on aura éliminé tous les bourgeois, il y aura une société sans classes, enfin pure ; Kamenev, Zinoviev sont, en fait, des enfants de bourgeois, il faut donc en finir avec eux ; Trotski également est trop intelligent pour n'être pas bourgeois, à son insu. Il y a donc cette tendance à prendre une chimère – parce que la société sans classes, c'est quand même une chimère – pour une réalité tellement suréminente qu'elle échappe à toute forme de démonstration possible. C'est donc non seulement un aveuglement qui est à l'origine de la croyance, mais aussi un envoûtement. Je peux vous donner un exemple banal, ordinaire, d'envoûtement ?

R. E. : Le sacrifice de la messe ?

N. G. : Non, le jeu.

R. E. : Le jeu ?

N. G. : Il n'y a de jeu que parce que nous reconnaissons, comme si elles étaient réelles, des règles totalement contingentes, totalement arbitraires, et qui n'ont aucun fondement ni aucune réalité. Mais le jeu consiste à tenir le réel comme s'il était irréel, et l'irréel comme s'il était réel. Et, quand je me prends au jeu – et il n'y a pas de jeu si on ne se prend pas au jeu –, j'oublie que c'est un jeu, et je vis le jeu comme s'il était sérieux. Le jeu consiste en cette feinte. Eh bien, la démence ordinaire consiste en ce banal envoûtement par lequel, ayant donné notre consentement ou notre adhésion à des slogans, à des formules, nous nous prenons au jeu, et nous ne pouvons plus mettre en doute ce que nous vivons. Je prends un exemple. Marx, esprit empiriste, scientifique, qui fonde toute son argumentation à la fois sur l'histoire et sur les rapports des inspecteurs du travail dans les manufactures anglaises, nous montre comment, par ses contradictions, le développement du capitalisme en constituera en même temps la disparition. Dans les pays où le capitalisme achèvera son développement, il suffira donc d'une pichenette pour se débarrasser d'un consortium ou de quelque conseil d'administration qui confisque le monde ; on collectivisera les biens de production, et l'humanité tout entière jouira alors de tout ce qu'elle produit. Celle-ci s'appropriera ce que son travail a créé. Il va de soi qu'une telle révolution ne peut pas se produire dans un pays presque entièrement agricole, où les pauvres moujiks sont accrochés à leur parcelle de glèbe, ne se connaissent pas, ne se fréquentent pas, ne se réunissent pas, et par conséquent ne peuvent avoir aucune conscience de classe. Faute qu'il y ait aucune concentration ouvrière, aucune surproduction, faute aussi que la concurrence n'ait commencé à ruiner la plupart des capitalistes, la bourgeoisie russe est encore loin d'être minée par ses contradictions.

R. E. : Marx ne voyait pas la révolution en Russie...

N. G. : S'il y avait un pays où la révolution ne pouvait pas se produire, selon Marx, c'était bien la Russie.

R. E. : C'est un pays qui, alors, n'a pas encore fait sa révolution industrielle...

N. G. : Marx croit à l'Histoire. Mais sa croyance à l'Histoire est celle de n'importe quel scientifique à ses hypothèses, à sa théorie. C'est une hypothèse bien fondée. À l'inverse, Lénine n'est pas un scientifique, c'est un croyant. Sa croyance ressemble à la foi, il s'aveugle sur la réalité russe, il est envoûté par les théories marxistes. Par conséquent, n'étant pas éclairé par son entendement et cédant aux fulgurations de sa volonté, il décide de faire la révolution dans un seul pays, supposant que par contagion cela entraînera la révolution en Allemagne, en Angleterre, en France, etc. Il y a donc une réelle différence entre Marx et Lénine, la différence entre une croyance fondée sur la vraisemblance, croyance qui peut toujours être réaménagée, croyance du scientifique, et la croyance d'un illuminé.

> « Rien ne caractérise aussi bien la nature et le processus de la foi que le sacrifice de la messe dans l'Église latine. Pour tous les fidèles, aussitôt prononcées les paroles sacramentelles, le pain et le vin en sont transsubstantiés. Le Christ est là, en chair et en os, aussi réellement présent pour les assistants qu'il l'était pour les apôtres lors de la

Cène, ou pour les Romains lors de la crucifixion. En se l'incorporant, chacun s'unit au corps souffrant du rédempteur. En communiant, chacun offre son corps à Jésus, comme Jésus a donné le sien pour les hommes. L'acte de foi, la foi opérante, consiste en ce que chacun se sent alors vivre en Jésus comme il sent Jésus vivre et souffrir en lui. Le propre de la foi est donc d'éprouver l'irréalité du réel, et la réalité de l'irréel. Elle se manifeste par conséquent comme une sorte d'hallucination volontaire[1]. »

R. E. : Quelle différence faut-il faire, selon vous, Nicolas Grimaldi, entre la foi telle que vous la décrivez ici, l'expérience que fait le croyant – tout le monde ne fait pas cette expérience de la communion, néanmoins celle-ci est incontestablement vécue par un certain nombre de fidèles – et le scientisme de Marx qui, élaborant une science de l'Histoire, considère à n'en pas douter que le capitalisme s'effondrera sous le poids de ses propres contradictions ?

N. G. : La même différence que celle que nous faisons dans le vocabulaire courant entre la science et la foi. La science est une forme de croyance : « Tout ce que j'ai observé me conduit à penser, selon toute vraisemblance, que cette théorie a le plus de chances d'être vraie. Je

1. Nicolas Grimaldi, *Une démence ordinaire, op. cit.*, p. 124-125.

l'accepte donc provisoirement comme la plus pertinente, la plus efficace, la plus heuristique des hypothèses de travail. J'y crois jusqu'à plus ample information, jusqu'à ce que de nouveaux faits, de nouvelles expériences, de nouveaux calculs me conduisent à en douter et à la changer pour une autre. » La croyance scientifique est donc ouverte sur l'avenir, ouverte à la discussion, à la contradiction, à la contestation. Ce n'est qu'un moment du savoir. En cela, elle attend, voire espère, ce qui la ruinera ou qui la contestera, dans le but d'être surmontée, dépassée. À l'inverse, la foi, au sens où nous en parlions, considère qu'une révélation a été faite, même si c'est une révélation marxiste, qui nous annonce ce qui doit devenir la raison d'être de l'existence : la fin de l'Histoire, la fin des temps, où tout sera enfin accompli, où tous les hommes seront rendus à leur propre plénitude dans une commune transparence. La volonté de chacun étant celle de tous, et tous renvoyant à chacun son image, chacun sera le miroir de l'autre. Telle pourrait être la république rousseauiste.

À cet égard, pour la foi, tout est déjà arrivé. Comme dit l'Évangile, « demain est hier », de sorte qu'il n'est pas de fait, il n'est pas de raison qui puissent valoir contre ce qu'on croit. Tout simplement accepte-t-on, éventuellement, ce qui pourrait la fortifier. Et, puisqu'on évoquait la messe, il est assez étrange, très frappant – Renan s'en était effaré – de remarquer sur quel *unique* témoignage est fondée toute la foi chrétienne. Sur le seul témoignage de Marie-Madeleine arrivant au tombeau. Il lui *semble* vide et il lui *semble* voir Jésus qui lui dit : « Ne me touche pas. » S'il me dit de ne pas le toucher, c'est donc que j'aurais pu le toucher. Donc, si je peux le toucher, c'est qu'il est là, bien réel, en chair et en os. Sur ce, elle court, voit saint Jean et lui dit : « Il est ressuscité. » C'est l'unique témoignage.

D'expériences semblables, l'histoire du christianisme en offre cent mille. Des gamines qui voient apparaître la Vierge leur disant : « Voici un chapelet, tu demanderas de faire construire ici un sanctuaire », il y en a cent mille. Quand même on ne penserait pas à Bernadette Soubirous, Chateaubriand en raconte l'exemple dans sa *Vie de Rancé*. Et ce qui me paraît le plus singulier, c'est le : « Je crois indépendamment de toute raison », d'où le *credo quia absurdum*. Plus c'est absurde, plus je crois. Car si Dieu faisait à tout bout de champ des miracles, on croirait à sa toute-puissance, mais on n'aurait aucun mérite à y croire : rien ne serait plus vraisemblable que de constater l'évidence de la toute-puissance de celui qui interrompt l'ordre du monde à tout moment pour y produire un miracle. Mais ce n'est pas comme cela que les choses se passent. Seuls ceux qui ont la foi remarquent le miracle. Un phénomène se produit et, précisément, parce que je crois à la toute-puissance de Dieu, et en même temps aux signes que Dieu m'envoie, puisque prier c'est s'adresser à Lui, c'est être en commerce avec Lui, je reconnais cet événement comme un signe, et ce signe comme une intervention divine. La chose touchante à cet égard, c'est qu'alors même que la foi est imperméable à toute forme d'argumentation, d'objection, de discussion, il n'y a contre elle ni démonstration, ni fait, ni expérience qui vaillent. Néanmoins, si on trouve le moindre témoignage archéologique, le suaire de Turin par exemple : « Voilà, c'est bien la preuve que nous avions raison, puisque les faits le corroborent ! », on accepte donc que les faits concourent à fonder *en raison* un événement auquel on se fait un mérite de croire *sans raison*.

R. E. : C'est dire, donc, que la croyance précède les faits qui viennent la valider.

Cinéma et Folie

avec Carole Desbarats

Raphaël Enthoven : C'est l'histoire d'une vieille dame qui arpente toute seule, d'un pas sec, la rue d'une bourgade cossue, quand, tout à coup, elle croise un homme qui, voulant la saluer, la fait trébucher et heurter la vitrine de l'épicier. Celui-ci, du coup, brûle les doigts du client auquel il servait un café, lequel client, ébouillanté, sort paniqué, heurte une cage de perroquet dont la chute fait sortir trois chiens que leur propriétaire affolé pourchasse, tandis qu'un autre manque de se faire écraser par une voiture en ramassant les boîtes de conserve que les chiens ont renversées, puis de se faire rouler dessus par le vélo qui arrive en sens inverse et dont le conducteur, furieux contre l'automobiliste, poursuit sa route en regardant derrière lui, jusqu'à heurter un poteau électrique en haut duquel travaille un agent de maintenance qui, en glissant du poteau, s'empale sur les grilles du collège où commence véritablement l'action du film. Nous sommes ici, Carole Desbarats[1], dans *Le Tombeur de ces dames* de Jerry Lewis, un monument de burlesque, un monument de folie aussi.

Carole Desbarats : Votre résumé est intéressant : quand vous décrivez l'action, une raison s'installe, grâce à la rhétorique, et les mots ordonnent simplement les choses, là où le seul son de cette scène donnait l'impression, sans l'image évidemment, du désordre et de cette panique qui surgit dès que le héros burlesque arrive.

R. E. : On est d'ailleurs prévenu dès le départ de la panique, puisque, à Little Milltown, lieu de la scène, on dit : « Bienvenue à Little Milltown, *a very nervous little community*. » Pourtant, au départ, on est dans un calme absolu, une vieille dame traverse la rue, seule... C'est très étonnant.

C. D. : Et la musique séraphique qui accompagne l'image montre bien l'ironie de Jerry Lewis. Plusieurs choses à dire peut-être. D'abord sur Jerry Lewis, pour le situer un peu. Il est très heureux

1. Critique, historienne et enseignante du cinéma. Auteur de la *Raison en feu ou la fascination du cinéma pour la folie*, avec François Angelier, Paul Brétécher, Jean-Claude Polak, ACOR (Association des cinémas de l'Ouest pour la recherche), 1999.

qu'on parle de lui sur France Culture. C'est un grand artiste qui a été desservi en France par un doublage de voix absolument regrettable. Quand vous entendez la voix de Jerry Lewis en français vous vous dites : c'est débile, je ne vais pas regarder ça, cela fait insulte à mon intelligence. Or, quand vous l'entendez en anglais, vous vous rendez compte, premièrement, que c'est assez élégant et, deuxièmement, vous regardez le corps et l'action de Jerry Lewis différemment. Je rappelle aussi, pour le plaisir, que Marilyn Monroe trouvait Jerry Lewis assez sexy.

R. E. : Il y a des scènes, en effet, où il est irrésistible...

C. D. : Bien sûr !

R. E. : Ce qui est étonnant avec Jerry Lewis – on réfléchissait précédemment sur le rapport du burlesque à la beauté, ce mélange de burlesque et de beauté, notamment à propos d'Antonin Artaud qui est passé de la beauté d'un jeune premier à la hideur d'une sorcière –, c'est que ce passage s'opère en une seconde. C'est un beau jeune homme, certains plans le montrent élégant, se tenant bien et, à l'image suivante, il devient, en un clin d'œil, monstrueux, une grimace !

C. D. : C'est exact. Il en fait même le thème d'un de ses films : *Docteur Jerry et Mister Love.* Il a beaucoup travaillé cette métamorphose dans la mise en scène. La deuxième chose qu'il faut peut-être dire, avant de parler du burlesque chez Lewis, c'est que, comme tous les grands burlesques du cinéma, il est à la fois interprète *et* réalisateur. Le burlesque se joue de la folie depuis toujours. Depuis Chaplin, évidemment, et aussi avec les Marx Brothers, qui ont travaillé cette veine de manière systématique, mais également dans l'œuvre de quelqu'un qu'on connaît moins, Charley Bowers, dont André Breton disait qu'il avait produit parmi les plus beaux films de l'histoire du cinéma. Charley Bowers est appelé en français Monsieur Bricolo. Il s'agit d'un burlesque qui détruit tout sur son passage. Dès qu'il arrive, tout se déglingue. Non seulement physiquement, mais dans les lois de la nature, puisqu'il marcotte du vivant : il colle par exemple une salière et un œuf dans une aubergine, qu'en anglais on appelle « *eggplant* », et cela devient une plante. Il défie les lois de la raison…

R. E. : On peut observer ce dérèglement au début du *Tombeur de ces dames*… Mais aussi chez Keaton ou Tati, tous ces individus qui produisent par inadvertance une série d'effets, une série de catastrophes qu'ils ne maîtrisent pas. Ils sont innocents tout en étant la cause directe des catastrophes qu'ils engendrent.

C. D. : C'est précisément cela la force du burlesque, le personnage y est innocent. Sauf dans quelques cas. La malignité de Chaplin engendre une autre forme de comique. Mais la plupart des personnages burlesques sont des idiots, des simplets, formidablement généreux et bienveillants. Leur existence démontre que le monde autour d'eux est dangereux, maléfique. C'est en traversant benoîtement le réel qu'ils vont permettre aux spectateurs de rire de ce que le monde a pour habitude de cacher.

R. E. : C'est en cela qu'on est dans la folie justement, puisqu'on innocente le « fautif » à l'instant même où il produit des catastrophes. S'il est innocenté, c'est parce que les catastrophes qu'il provoque n'arrivent que dans la mesure où le monde est ce qu'il est. De sorte que le jeu de dominos du début du *Tombeur de ces dames* innocente sa source, sa cause première. Le monde est ainsi fait que l'innocence y produit des catastrophes.

C. D. : Oui, et c'est la force de ces personnages burlesques de révéler que le monde est fou. Dans un autre film de Jerry Lewis, *Jerry chez les cinoques* (*The Disorderly Orderly*), un gag illustre ce que nous disons : c'est le désordre induit par le passage de Jerry Lewis sur une civière qui s'est échappée d'une ambulance. En dévalant la rue en pente, il heurte chaque poubelle. La rue est alors jonchée de détritus. Sort un quidam qui va vider sa poubelle, et..., lui aussi, la renverse. Le monde est tellement perturbé par le passage de ce personnage burlesque que, pour rester un peu sain d'esprit, l'Américain moyen n'a plus qu'à commettre lui aussi cette transgression, certes minime, mais une transgression quand même, c'est-à-dire ajouter lui-même au désordre devenu la règle générale.

R. E. : Pour que le monde ait un sens, il faut donc qu'il marche sur la tête ?

C. D. : Pas exactement... Je crois que le personnage burlesque montre que le monde marche déjà sur la tête, il joue simplement le rôle d'un révélateur. C'est pour cela d'ailleurs qu'il est innocent, que, de Tati à *Forrest Gump*, le personnage est dénué de malice. Sinon, on aurait affaire à autre chose, à ces héros à la Mabuse qui parsèment le cinéma de malignité, de dangerosité, jusqu'aux grands tueurs fous.

R. E. : De sorte qu'il y a deux folies : la folie de l'innocent et celle du monde entier. Jerry Lewis incarne un personnage totalement hystérique, qui a un infarctus en voyant sa fiancée embrasser un autre homme, ou qui part en vrille quand la gouvernante de la maison où il s'est fait engager comme homme à tout faire lui dit : « *You have to keep faith* » (« Vous devez garder la foi »), alors que Faith est aussi le prénom de la femme qui lui a brisé le cœur. Et il y a l'autre folie, la folie maligne, celle sur laquelle on ne peut rien, au fond, la folie du monde lui-même, et qu'on observe dans *Forrest Gump* également.

C. D. : Tout à fait, et ce qu'il y a de magnifique dans la mise en scène de Jerry Lewis c'est que le personnage qu'il incarne, qui a été absolument épuisé par la femme qu'il aime, et qui n'a qu'une envie, fuir toutes les femmes, ne parvient à trouver un travail que dans un pensionnat de jeunes filles...

R. E. : À chaque porte à laquelle il sonne, évidemment, des jeunes filles se jettent, comme par malédiction, dans ses bras. Il finit par être embauché dans ce pensionnat, mais il ignore où il arrive. On ne sait d'ailleurs pas si c'est un pensionnat ou une « maison »... c'est un drôle d'endroit. Les filles ne sont peut-être pas assez jeunes pour être encore dans un pensionnat. Elles sont peut-être un peu trop élégantes pour être dans une « maison » – comme on dit pudiquement. C'est un lieu où des créatures vivent leur vie en parfaite harmonie. Or il ne le sait pas quand il arrive, car il rencontre une gouvernante qui présente bien, qui a vraiment l'allure, le physique de la gouvernante. On ne peut soupçonner cette femme des turpitudes et du stupre qu'il finira par découvrir dans ce pensionnat. Cette gouvernante, Kay ou Katie, dans un monologue étonnant, au moment où elle est censée lui demander son nom, lui explique comment il faut l'appeler, elle. Le monologue tourne en rond, complètement fou. Le voici :

Katie : « *Now, we might start with... Oh yes : what's your name ? Mine is Katie. Actually sometimes people call me Kay, sometimes Katie. My real name of course is Katherine. It's so funny, sometimes you're never through, even they call me Katherine, I don't even know why, oh nay, only I forget to answer. But you see sometimes they call me Katie the cook, that's because I cook here. Besides there are luncheons that I do as well. It's so funny, I tell you, when they call me Katherine. That's fine, there's no difference, but I don't answer, but Katie I over there. Kay, Katie, really doesn't make any difference. It's a nickname, father, really very very funny, 'cause you can never tell when I call you sometimes, even Katie the cook, hey ?*

– *Herbert ! Herbert H. Heebert is my name.*

– *Herbert H. Heebert... What the H stands for ?*

– *Herbert.*

– *No, I mean the other H. ?* »

Katie : « Bon, par où on commence ? Ah, oui : votre nom... Le mien c'est Katie. En fait on m'appelle tantôt Kay, tantôt Katie. Mon vrai nom, bien sûr, c'est Catherine. C'est drôle, on ne s'en sort pas, on m'appelle parfois Catherine, je me demande pourquoi, ça oui, en tout cas je fais comme si je n'avais rien entendu. Vous savez, parfois, on m'appelle Katie la cuisinière, parce que je fais la cuisine, et d'ailleurs les repas aussi. C'est à se tordre, je vous le dis. Quand on m'appelle Catherine, rien à dire, c'est du pareil au même, mais c'est comme si je n'avais rien entendu. Mais si on m'appelle Katie, hop, me voilà. Kay, Katie, c'est vraiment du pareil au même. Rien qu'un surnom mon bonhomme, c'est vraiment drôle, on ne peut jamais savoir comment je vais vous appeler : Katie la cuisinière ?

– Herbert ! Je m'appelle Herbert H. Heebert !

– Herbert H. Heebert... H. pour ?

– Herbert.

– Non, je veux dire l'autre H. ? »

Voilà comment il l'interrompt, en donnant finalement son propre nom, ce qui correspondait quand même à la question initiale. Ce monologue de la gouvernante qui met une heure à lui expliquer comment il faut l'appeler, comment elle s'appelle vraiment, avec tous les malentendus qui en découlent est complètement fou, non ?

C. D. : Cela fait ressortir la rhétorique de la prolifération, qui est vraiment une des modalités privilégiées du burlesque pour révéler la folie du monde. Et la façon dont cette femme développe quelque chose, qui pourrait se réduire en un mot, son nom, présente l'avantage de donner rapidement cette idée de la prolifération, encore que les dominos du début aient inscrit cela à la portée...

R. E. : ... ces dominos sont également la naissance d'un monde, puisque, au départ celui-ci est désert. Les individus apparaissent à la faveur des catastrophes qui suscitent leur existence..

C. D. : Tout à fait, et cela s'accompagne de l'apparition des femmes. On voit toute l'ambivalence du réalisateur Jerry Lewis : dans ses films, il y a d'affreuses mégères, héritières de toutes les femmes dont vous vous souvenez dans les films de Chaplin – les *Charlot* en particulier, rappelez-vous ces vieilles rombières qui sont des bourgeoises ridicules, méchantes, réactionnaires, donc, d'une part, cette catégorie-là, dont fait partie la gouvernante, et puis l'autre catégorie, représentée par des jeunes filles parfaitement délicieuses, charmantes, bon chic, bon genre, dont, à chaque fois, le personnage tombe immédiatement amoureux. Il est vrai que la vieille rombière fait partie de l'arsenal du burlesque. Elle est, en général, plus âgée que le héros ; à la fois la mère et, bien évidemment, la mère castratrice. (Il ne faut pas hésiter : le cinéma américain utilise les outils de la psychanalyse à la truelle.) Il est vrai que se dégage là une grande misogynie, j'en suis convaincue. En effet, si vous y cherchez des héroïnes de sexe féminin, je vous donne jusqu'à la fin de notre dialogue pour en trouver beaucoup... Néanmoins, on assiste actuellement à la résurgence, ou à la naissance, je ne sais pas, de comiques féminins français, au café-théâtre, et de leur migration vers le cinéma, avec l'exemple de Valérie Lemercier, mais ce sont vraiment des exceptions. Cherchez dans le cinéma burlesque américain, c'est rarissime.

R. E. : Dans *Le Tombeur*, la scène du réveil harmonieux des jeunes filles en musique permet aussi de réfléchir à la façon dont le décor a été agencé. Il faut imaginer le spectacle radieux de ces jeunes filles en fleurs au réveil, les bruitages intégrés à la musique, l'une qui se met du gel dans les cheveux, les pas de la gouvernante mimés par une grosse caisse, et ainsi de suite. Euphonie maximale : on est dans une maison de poupées. La vue est quasi synoptique : la caméra filme tout, on passe d'une pièce à l'autre, le décor s'assume comme tel. Dans ce film, pour changer de pièce, on a l'impression que les acteurs sortent du plateau pour passer d'une pièce à l'autre.

C. D. : Ces trois étages qui nous sont présentés rappellent des tranches de ces gâteaux américains à étage. Les murs sont coupés, on voit donc l'intérieur de chaque pièce, et cette frontalité, premièrement, affiche l'artifice, ce qui ne fait jamais peur à Jerry Lewis, deuxièmement, présente l'avantage de multiplier les saynètes. Cela rappelle *Fenêtre sur cour*.

R. E. : On a ce panorama synoptique, avec tous les détails de la vie privée des individus, sous l'œil unique du spectateur...

C. D. : Absolument. Et on le trouve aussi chez Tati, dans *Playtime,* où l'on voit, à travers les vitres transparentes des immeubles modernes, la vie des gens, chacun dans leur petite case. Cet artifice ne gêne absolument pas la narration. On n'est pas dans le système brechtien où l'on cherche à faire prendre du recul au spectateur par rapport à ce qui se met en place, mais dans le pur plaisir du spectacle, car ce qui se raconte aussi sur toutes ces petites vignettes, c'est que ces jeunes femmes sont comme dans une comédie musicale. Nous sommes dans les années soixante, dans une esthétique très colorée, avec de grands aplats de couleurs qui permettent justement de dynamiser l'image et de rendre encore plus intense la folie. Par exemple, le personnage de Jerry Lewis porte dans les moments cruciaux un pull rouge, éclatant, assorti à des chaussures de golf bicolores, rouges et blanches, il est ainsi une sorte de centre extrêmement visible, qui va attirer sur lui toutes les catastrophes.

R. E. : Il porte un pantalon qui est un peu comme celui de Michael Jackson sur scène, il lui arrive à la moitié de la cheville...

C. D. : Oui, peut-être pas pour les mêmes raisons...

R. E. : Ça n'arrange rien.

C. D. : Chez Jerry Lewis, si on enlève le son, on peut se dire qu'après tout il a de jolies jambes. Mais, très franchement, c'est plus burlesque, alors que, chez Michael Jackson, c'est le talent du danseur, sa mobilité qui sont révélés. Souvenez-vous que Fred Astaire ne supportait pas que ses partenaires féminines portent des robes courtes. Il fallait qu'elles soient longues, de manière à ce qu'on ne regarde que ses jambes à lui. J'imagine donc que c'est de cet ordre-là. Jerry Lewis est une espèce de paratonnerre qui va attirer ce féminin, qui justement lui fait terriblement peur. Il y a une scène très intéressante, peu de temps après celle que nous avons évoquée, car elle met en place l'obscénité qui est le cœur du burlesque.

R. E. : C'est-à-dire ?

C. D. : Jerry Lewis est l'homme à tout faire. Il fait tout, sauf ce à quoi vous pensez, dans ce pensionnat de jeunes filles. Il répare l'électricité et fait le ménage. À un moment donné, il se trouve devant un grand portrait qui représente la douairière du pensionnat. Une sorte de Mme de Fontenay, si vous voulez... Il époussette donc le tableau, et quelque chose d'extraordinaire se produit, qui ne peut se passer que dans le burlesque et met en lumière la folie qui est en jeu : le plumeau se met à enlever le rouge à lèvres qui bave, comme s'il s'agissait d'une femme en chair et en os qui perdrait son rouge à lèvres...

R. E. : Il y a une autre scène où cinq papillons s'envolent du cadre où ils sont épinglés à la seconde où il l'ouvre pour l'épousseter. Jerry Lewis siffle et les papillons reviennent dans le cadre...

C. D. : C'est du burlesque plus traditionnel... Je trouve que la question du tableau qui devient vivant, représentant une femme, révèle bien le sujet du film, c'est-à-dire cette phobie, cette peur terrible des femmes et, en même temps, ce désir de n'en aimer qu'une. Le problème c'est qu'il y en a trop pour lui !

R. E. : Et en même temps, Carole Desbarats, le fait qu'il y ait un langage propre aux objets dans ce décor, que les objets en eux-mêmes participent de plein droit à la folie générale c'est peut-être un point commun entre le traitement burlesque de la folie au cinéma et son traitement tragique, dramatique.

C. D. : Tout à fait. Les objets sont une sorte de lieu d'impact de la folie. J'en profite pour dire qu'on a proportionnellement davantage de représentations cinématographiques de la folie, que de représentations picturales, et encore moins de sculptures. Certes, on connaît Goya, Géricault, Rodin : mais ce sont des exceptions. En revanche, le thème de la folie au cinéma est extrêmement présent.

R. E. : On va changer de décor maintenant, et plus particulièrement de registre, puisqu'on va passer de la folie burlesque à une folie particulièrement terrifiante. Changeons de film, donc – je vous parlais du décor tout à l'heure, peut-être le décor joue-t-il le même rôle ici – et passons de Jerry Lewis à Kubrick et à Jack Nicholson dans *Shining,* pièce maîtresse, chef-d'œuvre à tous égards, pas seulement du septième art. Dans *Shining* qui, pour mémoire, raconte l'histoire d'un homme qui devient fou en gardant un hôtel pendant la saison morte avec sa femme et son fils, le décor joue, là encore, un rôle essentiel pour donner à pressentir l'arrivée de la folie.

C. D. : L'hôtel Overlook, au nom évocateur, est isolé dans la montagne. On rappellera qu'il a été construit sur un cimetière indien. Donc, comme le remarquait François Angelier dans un de ses textes, c'est un grand classique : la folie remonte à travers la terre pour hanter les vivants. Il faut imaginer probablement que les Indiens dérangés, chassés, leurs manes viennent hanter les lieux. Cet hôtel est à la fois immense et présente différents styles architecturaux, parfois décoré dans le pire goût des années soixante-dix – avec des papiers peints absolument monstrueux aux motifs géométriques pouvant favoriser une hallucination – et, en même temps, avec des boiseries des années trente, *cosy*, chaleureuses. On y joue, on s'y promène dans des cuisines immenses – vous imaginez, un hôtel qui peut recevoir des centaines d'hôtes – mais également dans des espaces beaucoup plus restreints, avec des escaliers majestueux, que Kubrick utilise à merveille.

R. E. : Oui, on a l'impression qu'avec Kubrick les escaliers sont des escalators, que les marches bougent, tellement il les filme bien, et notamment la montée de Nicholson poursuivant sa femme, avec la ferme intention de la tuer. À cet instant, il bascule véritablement de l'autre côté, dans la démence. Il monte ces marches comme il monte dans la folie. On a un double mouvement de crescendo, une double montée qui correspond au décalage entre l'immensité du décor et l'inexplicable intimité du drame qui s'y noue. Le décor est l'écrin d'un drame, auquel on ne comprend rien tant il est intérieur, intime, propre à celui qui l'éprouve.

C. D. : C'est tout l'art de la mise en scène de Kubrick. C'est ça le cinéma. L'organisation de l'espace, de la lumière, du son, des acteurs, fait que nous ne comprenons rien. Par exemple, vous parliez de cette montée des escaliers : je me souviens qu'elle était justement éclairée par deux lumières, une jaune et une bleue. C'est-à-dire deux éclairages absolument artificiels – ce qui est impossible dans le même espace –, or Kubrick joue sur ces deux tonalités, l'une attribuée à la femme poursuivie, l'autre au fou dangereux. Il a repris ce principe dans *Eyes Wide Shut,* ces contrastes de lumières que l'on ne perçoit même pas consciemment, mais dont on subit l'influence sensorielle et qui nous plongent, nous, spectateurs, dans un état d'angoisse qui favorise la perception de la folie.

(Râles et grognements de Jack Torrance/Jack Nicholson. Son épouse Wendy/Shelley Duvall l'appelle)

– Jack ! Jack ! Jack !

– Ah !

– Qu'est-ce que tu as ? Jack !

– J'ai fait le plus horrible cauchemar qu'on puisse faire... le rêve le plus abominable que j'aie jamais fait...

– Ça va, c'est fini maintenant... c'est fini...

– J'ai rêvé que... que je vous tuais tous les deux ! Mais je ne faisais pas que vous tuer... Je vous découpais en petits morceaux... Mon Dieu ! Je dois être en train de perdre la raison !

– Ça va aller... Allez, debout, viens mettre ton cache col... Assieds-toi, ça va aller... Danny ? Tout va bien !

R. E. : Ce film est tellement bon que, même en français, il fait peur...

C. D. : Vous avez raison. Mais je pense que la musique y est aussi pour beaucoup. Les borborygmes de Jack Nicholson au début, dont il faut rappeler qu'il a déjà joué un fou extraordinaire dans *Vol au-dessus d'un nid de coucou* de Milos Forman, quelques décennies auparavant, nous renvoient vers l'animalité, nous troublent, nous, spectateurs. Et puis cette musique est bien sûr extrêmement inquiétante. On connaît l'intérêt de Kubrick pour la musique contemporaine. Il faudrait le dire, c'est quand même l'un des rares cinéastes (avec Alain Resnais, entre autres) qui ait osé utiliser de la musique strictement contemporaine. C'est quelqu'un qui, entre Stockhausen, Ligeti, a su utiliser l'« anormalité » de la musique contemporaine, au sens où elle n'est pas intégrée dans la norme, qu'elle n'est pas familière à notre oreille. Cela contribue, comme je le disais tout à l'heure en évoquant la lumière, à installer ce climat d'inquiétude qui intègre le spectateur dans cette folie. En tant que spectateurs, nous devrions être en distance vis-à-vis d'un personnage fou. Nous devrions nous dire : « Moi, qui suis totalement normal et raisonnable, je ne participe pas de ça. » Or c'est beaucoup plus complexe. Parce que le cinéma joue avec la durée, le son, la musique, les acteurs, les lumières, les mots. Du coup, ce mélange nous fait perdre peu à peu notre côté raisonnable.

R. E. : On cesse d'être raisonnables parce qu'on perd la raison. Le contraste entre le Nicholson sympathique et jovial qui prend possession des lieux, et le Nicholson ahurissant et furieusement fou qui n'écrit que la même phrase depuis cinq mois avant d'entreprendre de découper sa femme à la hache, la façon dont il raconte, aux mines de son visage, le passage insensible et pourtant brutal d'un état à l'autre, nous rend infiniment proches de l'expérience qu'il fait. En même temps, dans *Shining* (on a parlé de la magie dans le burlesque avec Jerry Lewis : les papillons qui s'envolent, le tableau qui s'anime, etc.), il y a aussi de la magie : il y a des fantômes, l'hôtel est hanté. On pourrait penser que cela se passe uniquement dans la tête de celui qui devient fou, mais sa propre femme finit par les voir ! Ce qui tendrait à prouver que les deux petites filles assassinées dont la silhouette glace d'effroi le petit garçon de Nicholson hantent *effectivement* l'hôtel. En somme, un doute plane en permanence dans le film. On ne sait pas si le personnage de Nicholson est victime d'un envoûtement qui vient du lieu, ou s'il est lui-même fou...

C. D. : Si vous le permettez, je reviendrai après sur la question de l'écrivain, parce qu'elle est essentielle. Mais, par rapport à ce que vous disiez des fantômes, on a en fait une preuve cinématographique : le tout dernier plan. Une fois que le meurtre, le parricide, a été consommé, il y a un travelling-avant vers un corridor qui aboutit sur un mur de photos...

R. E. : Vous pouvez expliquer cela ? Je ne l'ai jamais compris. La dernière image où l'on voit l'image de Jack Nicholson en 1925, au même endroit...

C. D. : Ce que nous dit Kubrick dans ce plan, c'est que, effectivement, l'hôtel est hanté. C'est une preuve photographique. La force de la croyance de Kubrick dans le cinéma et dans l'image est là. En plus, le travelling est tout sauf discret. Il doit attirer notre attention. Il est là pour nous dire : « Voilà, vous avez douté, je vais vous donner une preuve cinématographique. Il y a effectivement des fantômes, des revenants, et c'est bien de cela qu'il s'agissait. » L'affirmation est appuyée, stylistiquement parlant.

R. E. : Ce qui en un sens innocente Jack Nicholson du crime qu'il veut commettre. Il est *agi* plus qu'agissant. Il est fou, il est *rendu* fou...

C. D. : Oui. Pour ma part, j'ai une hypothèse. En fait, Kubrick a une phobie. Cette phobie, c'est le verbal, le discours. Comme tout à l'heure on pouvait dire que dans le film de Lewis il y avait quelque chose de phobique par rapport au féminin, Kubrick est quelqu'un qui, tout au long de sa carrière, sauf dans *Eyes Wide Shut* justement, a mis en exergue ce qu'il y avait de négatif dans le texte, les mots. Vous l'avez dit vous-même, la première tentative de meurtre sur la femme se déroule au moment où celle-ci découvre la folie du personnage, qui consiste à écrire, sur des centaines de pages, et vingt fois par page, la même phrase. C'est le symbole même de l'impuissance de l'écrivain. Cela rejoint quelque chose de très profond chez Kubrick. Il croit que le verbe est incapable de parler le monde alors que l'image peut le faire. C'est pour cette raison que la musique est si importante chez lui, celle-ci est capable d'atteindre la sensibilité du spectateur et d'être un révélateur, alors qu'il se méfie terriblement du verbe.

R. E. : Est-ce dans ce sens qu'il faut comprendre l'anagramme de « *murder* » – « *redrum* » – que le gamin prononce à l'infini et dont on découvre la signification véritable quand le mot apparaît en miroir ?

C. D. : Bien sûr. Mais il y a d'autres exemples : le personnage du poète, dans *Lolita,* composant ses poèmes. Souvenez-vous, il les écrit assis sur la cuvette des W.C. Kubrick tourne systématiquement en dérision tout ce qui peut être de l'ordre de la pensée, du concept et du mot. C'est très violent, et on pourrait même dire que le grand parallélépipède noir de *2001 Odyssée de l'espace*, d'une certaine manière, représente...

R. E. : ... un étron, un étron géométrique ?

C. D. : Non, je dirais que c'est l'interdit de la représentation. À mes yeux, c'est l'une des rares traces de la judaïté de Kubrick dans son cinéma. Le fait que ce parallélépipède émette un son, et qu'il n'y ait pas de mots autour, et que ce soit lui qui gouverne la Création, tout cela, pour moi, renvoie à l'idée de l'interdit de la représentation : « Tu ne représenteras point d'image taillée de ce qui marche sur la terre, dans les flots », etc. Chez Kubrick, ce motif ne fait pas que préluder à la folie du personnage, mais traverse toute son œuvre.

R. E. : L'interdit de la représentation... Vous étiez chez Malevitch, et moi chez Artaud : vous voyiez dans un parallélépipède la métaphore de l'interdit de la création, alors que j'y voyais un gros morceau de caca. Il faut dire que j'ai été aidé en cela par l'image de l'écrivain assis sur le trône... Revenons à *Shining* et au moment où le fou, le futur fou, le déjà fou, ou le toujours déjà fou, celui dont on ne sait pas si lui-même n'est pas un fantôme qui hante l'hôtel où il a été engagé pour être gardien pendant la *saison morte*, se retrouve en bonne compagnie, flanqué de majordomes. S'engage alors un dialogue entre lui et un majordome à l'ancienne, qui lui révèle sa véritable condition :

> « Monsieur Grady, vous avez été le gardien de cet hôtel. Je vous ai reconnu. J'ai vu votre portrait dans toute la presse. Vous avez découpé votre femme et vos filles en petits morceaux, et vous vous êtes brûlé la cervelle.
> – C'est étrange, Monsieur, je n'ai pas le moindre souvenir de tout cela.
> – Monsieur Grady, vous avez été le gardien ici.
> – Je regrette de vous contredire, Monsieur, mais c'est vous qui êtes le gardien. Vous avez toujours été le gardien. Je le sais, car moi, j'ai toujours été ici. Savez-vous, Monsieur Torrance, que votre fils s'évertue à introduire quelqu'un de l'extérieur dans cette situation ? Vous saviez cela ?
> – Non.
> – C'est ainsi, Monsieur Torrance.
> – Qui ?
> – Un Nègre.
> – Un Nègre ? »

Le « Nègre » en question a le même don que le fils de Jack Nicholson, c'est-à-dire le *shining*, un étrange talent, à la fois – c'est vous qui le dites – prescience et souvenir, savoir anachronique (ou antichronique) dont le film tire parti, qui consiste dans l'aptitude à pressentir ce qui va arriver et à voir les fantômes... Donc, le « Nègre » et l'enfant de Jack Nicholson ont le même talent. Mais, dans la perspective que Kubrick développe dans *Shining*, le fait que l'individu qui découvre que ce huis clos est un huis terrifiant soit un Noir est-il innocent ?

C. D. : J'imagine que non, bien sûr. Comme il est important que l'autre innocent soit un enfant. C'est-à-dire qu'il y a une collusion entre celui qui est issu d'une minorité et celui qui est une minorité, puisque, enfant, il n'a pas le pouvoir des adultes. Ils s'aident mutuellement. J'imagine bien sûr qu'intervient également la question du rapport à la magie, dans laquelle on sait bien que la culture des enfants baigne avec bonheur. On peut imaginer que flotte ce présupposé que la culture noire travaille aussi cette question. En tout cas, dans ce film, cette complicité est très importante, car elle constitue l'un des rares moments de sérénité. Heureusement que l'enfant trouve un écho chez quelqu'un qui peut le comprendre, l'entendre, venir à son secours, parce que le reste du monde décrit est d'une telle violence que, pour le spectateur, c'est extrêmement éprouvant ! D'ailleurs, l'actrice qui a joué le rôle de la femme de Jack Nicholson, Shelley Duval, a, après le film, semble-t-il, passé un temps en hôpital psychiatrique pour se remettre du tournage.

R. E. : C'est un film qu'on ne tourne pas impunément. Il faut s'arrêter, Carole Desbarats, c'est bien dommage. On aurait pu parler, à propos de *Shining*, de la ré-interprétation que vous proposez du mythe œdipien d'un père qui veut tuer le fils, la passion conservatrice du père, la soif de virilité. Le combat meurtrier aussi pour la suprématie de l'homme blanc, puisque le « Nègre » en question finira par être assassiné. Je vous propose de terminer par un texte qui, en un sens, est un prélude à ce que *Shining* raconte : un extrait de la *Lettre d'un fou* de Guy de Maupassant, expert en folie s'il en est.

> « 10 octobre.
> – L'envie de tuer me court dans les moelles. Cela est comparable aux rages d'amour qui vous torturent à vingt ans.
>
> 20 octobre.
> – Encore un. J'allais le long du fleuve après déjeuner et j'aperçus, sous un saule, un pêcheur endormi. Il était midi. Une bêche semblait tout exprès plantée dans un champ de pommes de terre voisin. Je la pris, je revins ; je la levai comme une massue et, d'un seul coup, par le tranchant, je fendis la tête du pêcheur. Oh ! il a saigné, celui-là ! Du sang rose, plein de cervelle ! Ça coulait dans l'eau, tout doucement. Et je suis parti d'un pas grave. Si

on m'avait vu ! Ah ! ah ! j'aurais fait un excellent assassin.

25 octobre.

– L'affaire du pêcheur soulève un grand bruit. On accuse du meurtre son neveu, qui pêchait avec lui.

26 octobre.

– Le juge d'instruction affirme que le neveu est coupable. Tout le monde le croit par la ville. Ah ! ah !

27 octobre.

– Le neveu se défend bien mal. Il était parti au village acheter du pain et du fromage, affirme-t-il. Il jure qu'on a tué son oncle pendant son absence ! Qui le croirait ?

28 octobre.

– Le neveu a failli avouer, tant on lui fait perdre la tête ! Ah, la justice !

15 novembre.

– On a des preuves accablantes contre le neveu, qui devait hériter de son oncle. Je présiderai les assises.

15 janvier.

– À mort ! à mort ! à mort ! Je l'ai fait condamner à mort ! L'avocat général a parlé comme un ange ! Ah ! ah ! Encore un. J'irai le voir exécuter.

10 mars.

– C'est fini. On l'a guillotiné ce matin. Il était très bien mort, très bien ! Cela m'a fait plaisir ! Comme c'est beau de voir trancher la tête d'un homme !

Le sang a jailli comme un flot, comme un flot ! Oh ! si j'avais pu, j'aurais voulu me baigner dedans. Quelle ivresse de me coucher là-dedans, de recevoir cela dans mes cheveux et sur mon visage, et de me relever tout rouge, tout rouge ! Ah ! si on savait[1] ! »

1. Guy de Maupassant, *Le Horla*, suivi de *Lettre d'un fou*, Livre de Poche, 1997.

La Folie et Érasme

avec Jean-Claude Margolin

Raphaël Enthoven : C'est Jean-Claude Margolin qui est aujourd'hui notre invité, professeur émérite à l'Université François-Rabelais de Tours et ancien directeur du Centre d'études supérieures de la Renaissance, éminent spécialiste d'Érasme[1].

> « Maintenant, sage plein de folie, je voudrais que tu comptes avec moi tous les soucis qui jour et nuit tourmentent ton esprit, que tu réunisses en un seul tas tous les ennuis de ta vie, et tu comprendras enfn de combien de misères j'ai affranchi mes fous. Ajoutez-y que non seulement ils ne font que jubiler, s'amuser, chantonner, rire, mais de plus ils apportent à tous, partout où ils vont, le plaisir, le jeu, l'amusement et le rire,

1. Érasme, *Éloge de la Folie et autres écrits*, Gallimard, coll. « Folio classique », 2010. Textes choisis, présentés et annotés par Jean-Claude Margolin. Traductions de Franz Bierlaire, Claude Blum et Jean-Claude Margolin.

comme si la bienveillance des dieux les avait destinés à égayer la tristesse de la vie humaine[1]. »

C'est la folie qui s'adresse à la sagesse, au sage... Et non seulement on comprend, en lisant ce texte, que celui qui vit sans folie n'est pas si sage qu'il croit, mais, c'est pire que ça – ou mieux –, la Sagesse, apparemment, aux yeux de l'auteur, est plus folle que la Folie elle-même qui, elle, a au moins la sagesse de ne pas vouloir être sage. Êtes-vous d'accord avec cela ?

Jean-Claude Margolin : Bien sûr, je suis d'accord. Ce texte est extrêmement intéressant et, plus on avancera dans l'*Éloge de la Folie,* quand la primesautière et légère Folie deviendra une prédicatrice et vantera la folie de la Croix, plus cette sagesse apparaîtra comme l'extrême pointe de la folie. D'ailleurs, cette inversion est un procédé rhétorique courant, mais non réductible à la rhétorique, j'aurais deux mots à dire à ce sujet, propre à Érasme et à beaucoup d'auteurs que Moria cite dans son texte.

R. E. : Vous dites « Moria », il faut préciser pour le lecteur...

J.-C. M. : J'emploie le mot grec, familier à Érasme, qui est d'ailleurs plus rapide que « Stultitia »...

1. *Éloge de la Folie et autres écrits, op. cit.,* chap. XXXV, p. 89.

R. E. : ... qui est le mot latin pour parler de la folie.

J.-C. M. : Je voudrais d'abord, si vous le permettez, faire quelques remarques, parce qu'il me semble que ces prolégomènes sont utiles pour une lecture aussi intelligente que possible. Le titre, d'abord. Il a été donné en grec et en latin. *Encomium Morias, Laus Stultitiae.* Autrement dit, quand on lit l'*Éloge de la Folie* dans l'une des nombreuses traductions vernaculaires – une quarantaine de langues, dont le letton, le finnois, le russe, le japonais, et assez récemment l'hébreu –, on se heurte à ce concept ou à cette personne d'une mobilité déconcertante.

R. E. : Juste une petite parenthèse quand même – on va revenir sur ces prolégomènes que vous voulez poser –, sur cette affaire de folie et de sagesse : la sagesse est-elle présentée par la folie comme son antithèse, comme son antipode, c'est-à-dire comme tout ce qu'elle n'est pas, de même que Foucault raconte comment, à l'inverse, la raison a présenté la folie comme son antithèse, c'est-à-dire la déraison, ou bien la sagesse fait-elle partie de la folie comme – ce que vous aviez l'air de dire tout à l'heure – son point d'aboutissement ?

J.-C. M. : Il y a, si je puis dire, une vraie folie et une folie qui se transforme en démence et en furie, comme il y a de vrais sages et de faux sages. Autrement dit, l'opposition dialectique folie/sagesse n'est pas établie dans un discours positif (un discours comme celui de Foucault dans son *Histoire de la folie*), mais se situe à l'intérieur même de la folie. D'autre part, Érasme n'est pas la Folie ! C'est le deuxième point sur lequel je voudrais insister. Mais, à l'*Éloge de la Folie* : sans faire beaucoup de grammaire, nous avons là un génitif, éloge *de* la Folie. Mais c'est la Folie elle-même qui parle à la première personne : c'est donc le sujet de l'énonciation. Les deux mots latins qui suivent immédiatement le titre en font un principe incontournable : *Stultitia loquitur* (c'est la Folie qui parle).

R. E. : C'est un éloge de la folie par la Folie elle-même...

J.-C. M. : C'est cela et, par la suite, comme on le verra, un éloge de certains fous ou prétendus fous.

R. E. : C'est comme *Un amour de Swann.*

J.-C. M. : Oui. Le seul texte reconnu par Érasme, c'est celui de sa préface adressée à son grand ami, Thomas More, avec l'un de ces jeux de mots en lesquels se complaît Érasme, puisque *Morus* est (vocalement et graphiquement) extrêmement proche du grec *môros* (le fou). L'éloge des fous et de leur folie par Moria ne correspondrait-il pas à l'éloge de More (et de ses « folies », comme son célèbre ouvrage sur l'île d'Utopia, contemporain de celui de son ami) par Érasme lui-même ?...

R. E. : Puisque *moria* est le mot grec pour désigner la folie et qu'Érasme fait dire à peu près à Moria : « Je connais bien quelqu'un, il porte mon nom. »

J.-C. M. : Avec beaucoup d'amusement, la seule fois où Érasme cite Érasme, c'est quand la Folie, à un moment, déclare : « Mais je cesse d'enfiler des proverbes pour ne pas avoir l'air de piller les commentaires de mon ami Érasme[1]. » Il faut dire qu'au moment où Érasme composait l'*Éloge de la Folie* il venait de publier à Venise, chez Alde Manuce, trois milles huit cents proverbes, essentiellement grecs (il connaissait bien le grec). Un deuxième point que je voudrais signaler, c'est dans le titre complet, le mot « déclamation » : l'*Éloge de la Folie* est une « déclamation ». Qu'est-ce qu'une déclamation dans l'Antiquité ? Et qu'est-ce qu'une déclamation pour les Humanistes ?

R. E. : Et qu'est-ce qui la distingue, par exemple, d'une plaidoirie, d'un discours ?

J.-C. M. : Il y a un auteur du XVe siècle, italien, qu'Érasme appréciait beaucoup, c'est Lorenzo

1. *Éloge de la Folie et autres écrits, op. cit.*, chap. LXI, p. 134.

Valla, qui a distingué l'*orator* et le *declamator*. L'*orator* judiciaire dit des choses sérieuses sur des faits d'actualité, il veut convaincre, il veut emporter l'auditoire. Autrement dit, il a une action oratoire. Érasme citera Quintilien et beaucoup d'autres. Quant au *declamator*, c'est l'auteur d'un exercice d'école, exercice de rhétorique. Et Érasme, s'il n'a pas été très souvent professeur en chaire, fut un excellent conseiller pédagogique, toutes ces questions de pédagogie l'intéressent. *Éloge de la Folie* est un discours sur un sujet précis : la folie, mais on a fait aussi un *Éloge de la calvitie* (Synésius, dans l'Antiquité), un *Éloge du parasitisme* (Lucien de Samosate) ou de la fièvre quarte (Favorinus)... Sénèque lui-même avec l'*Apothéose* de l'empereur Claude, ou plutôt sa « métamorphose en citrouille ».

R. E. : ... sauf que ce n'était pas la calvitie qui faisait son propre éloge...

J.-C. M. : C'est cela le critère essentiel. On a fait l'*Éloge de la puce*, ou l'*Éloge de la podagre*. Érasme lui-même a fait un éloge plus sérieux, mais qui lui a causé des ennuis, l'*Éloge du mariage*. Dans les vingt pages qu'il consacre à cet éloge, il n'y a que des remarques extrêmement générales, mais certains théologiens radicaux pensaient que l'état de virginité, surtout la virginité vouée à Dieu, était supérieur. Défense d'Érasme : si vous le voulez, je vais faire une vitupération contre le mariage. Mais quand on le connaît un peu, on se rend compte que les arguments pour le mariage en vingt pages sont très sérieux et que les cinq ou six pages qu'il a consacrées à dénigrer le mariage ne valent pas grand-chose. Mais c'est une déclamation.

> « Dieu immortel ! que de séparations ou pis encore que la séparation ne verrait-on partout, si la vie privée de l'homme et de la femme n'avait pour soutiens et pour aliments la flatterie, le badinage, la complaisance, l'erreur, la dissimulation, enfin tous mes satellites. Ah ! qu'il se ferait peu de mariages si l'époux s'informait sagement des jeux auxquels a joué bien avant les noces la petite vierge à l'air délicat et pudique. Moins de ménages encore resteraient unis, si la plupart des faits et gestes des épouses n'échappaient à l'insouciance ou à la bêtise du mari. On a bien raison d'attribuer tout cela à la folie, mais c'est grâce à elle que l'épouse plaît à son mari, que le mari plaît à sa femme, que la maison est en paix, que le lien conjugal subsiste. On rit du cocu, du cornard (et que de noms ne lui donne-t-on pas encore ?) tandis qu'il sèche de ses lèvres les larmes de l'infidèle. Et pourtant on est plus heureux à s'illusionner de la sorte qu'à se ronger de jalousie et à faire des tragédies à propos de tout[1]. »

R. E. : Ambiguïté permanente de l'éloge...

1. *Éloge de la Folie et autres écrits, op. cit.*, chap. XX, p. 72.

J.-C. M. : Oui. Érasme est resté célibataire, et pour cause. Mais il appréciait les mariages bien assortis, comme celui de son ami Thomas More. Bien sûr c'est lui qui a écrit ces lignes, mais conservons la fiction : c'est *Moria,* la Folie, qui parle. Si on veut en savoir davantage, on n'a qu'à ouvrir les *Colloques*, celui qu'Érasme a appelé en grec *Gamos agamos,* c'est-à-dire en traduction littérale « le mariage non-mariage », autrement dit, le mariage qui n'en est pas un, où l'on voit des parents, de tristes sires, qui veulent marier leur pure jeune fille à un vieillard cacochyme mais qui possède argent et titres nobiliaires. Et Érasme va jusqu'à dénoncer le scandale, alors qu'un pareil mariage qui n'en est pas un devrait être dissous, sans même parler de divorce, puisque ce n'est pas un mariage, mais un faux mariage ! Autrement dit, il a des idées assez précises sur la question, bien qu'en lui-même il n'ait jamais éprouvé l'envie de se marier avant d'être ordonné prêtre à l'âge de vingt-cinq ans...

R. E. : Ce que vous dites n'est pas sans rappeler les comédies de Molière (qui vient aussi à l'esprit quand on entend le prénom d'Agnès qui est l'héroïne de *L'École des femmes*). Ici, il y a du Molière avant la lettre...

J.-C. M. : Bien sûr. Pour poursuivre sur cette distance, qui n'est pas seulement rhétorique, entre Érasme et Moria, je parlerais, mais au sens positif, d'un élément caméléonesque. Je m'explique. Très souvent, les adversaires et ennemis d'Érasme l'ont traité d'homme à double visage, d'anguille, on a même parlé de « faune lubrique ». Luther parle de « dieu de l'amphibologie ». En fait, il y a un texte de Pic de la Mirandole sur le caméléon qu'Érasme connaissait bien, et Érasme lui-même, dans un de ses colloques, *Le Banquet religieux*, parle du caméléon. D'abord il commence par s'amuser : ca-mé-lé-on, quatre syllabes, c'est un mot très long, donc l'animal se déplace très lentement et quand il change de couleur ou de position, il lui faut un certain temps. Nous sommes là, amusement mis à part, dans l'axe majeur d'Érasme. Quant au fond, et sur la vérité telle qu'il l'entend, pas de discussion, on ne plie pas, *nulli concedo*...

R. E. : ... Je ne cède sur rien, je ne cède à personne...

J.-C. M. : ... à personne, même s'il subsiste une ambivalence sur le sens primitif. Il faut tenir compte des modalités car on ne s'adresse pas à des jeunes gens ou à des enfants comme on s'adresse à un supérieur, il y a des circonstances de temps, de lieu ; c'est ce qu'il appelle le *decorum*, encore un mot latin, je m'en excuse, *quod decet*, c'est-à-dire « ce qui convient ». Nous sommes toujours dans le sillage d'Érasme. Sur le fond on ne transige pas, mais, sur les modalités, il faut être suffisamment intelligent pour ne pas heurter de front un adversaire, et surtout quand on dispose de cette arme qu'est l'ironie. Tout l'*Éloge de la Folie* et même la plupart des textes d'Érasme ont une textualité ironique, constante et paradoxale.

R. E. : On va en avoir un aperçu tout de suite. On est ici au tout début de l'*Éloge de la Folie,* au moment où la Folie revendique le don divin de rendre hilares et les dieux et les hommes.

> « Quoi que dise de moi le commun des mortels (car je n'ignore pas tout le mal qu'on entend dire de la Folie, même auprès des plus fous), c'est pourtant moi, et moi seule, qui grâce à mon pouvoir surnaturel répands la joie sur les dieux et les hommes. Je viens encore d'en donner la preuve éclatante : à peine ai-je paru au milieu de cette nombreuse assemblée, pour prendre la parole, que tous les visages ont aussitôt été éclairés par la gaieté la plus nouvelle et la plus insolite ; tous les fronts se sont tout de suite déridés ; vous m'avez applaudie avec des rires si aimables et si joyeux que, vous qui êtes venus de partout et tels que je vous vois, vous m'avez l'air ivres du nectar des dieux d'Homère mêlé de népenthès, alors qu'il y a un instant vous étiez sur vos sièges aussi sombres et soucieux que si vous veniez de sortir de l'antre de Trophonius. Mais quand le soleil montre son beau visage d'or à la terre, quand après un rude hiver le printemps nouveau souffle ses caressants

zéphyrs, aussitôt toutes choses prennent figure nouvelle, nouvelle couleur et vraie jeunesse ; de même dès que vous m'avez vue votre physionomie s'est transformée. Et ainsi ce que des orateurs d'ailleurs considérables peuvent à peine obtenir par un grand discours longuement préparé, je veux dire chasser de l'âme les soucis importuns, je n'ai eu qu'à me montrer pour y parvenir[1]. »

Cela fait évidemment songer à un des sketchs les plus célèbres de Raymond Devos :

« En arrivant ici, dans la rue, j'entends quelqu'un qui crie "au feu". Alors je me précipite, et je vois qu'il n'y avait pas de feu. Alors, comme celui qui avait crié "au feu" continuait de crier "au feu", moi j'ai crié "au fou". Alors le fou qui avait crié "au feu", quand il a entendu que je criais "au fou", il a mis le feu, afin de ne pas passer pour un fou. Alors moi, quand j'ai vu que le fou avait mis le feu, j'ai crié "au feu". Alors le fou éteint le feu. Alors comme il n'y avait plus le feu et que je continuais de crier "au feu", comme un fou, c'est moi qu'on a enfermé. Alors maintenant, on peut bien crier "au feu", je m'en fous. »

Ce qui est frappant dans le texte d'Érasme – outre que Devos a dû le lire, manifestement, tant il prend plaisir à être fou lui-même – c'est que c'est un texte d'une profonde et constante gaieté.

---

1. *Éloge de la Folie et autres écrits*, *op. cit.*, chap. I, p. 55.

J.-C. M. : Oui, absolument. Ce n'est pas l'idée que l'on se fait souvent d'Érasme en voyant ses portraits, celui de Dürer, ou celui d'Holbein, et même celui de Quentin Metsys. Encore qu'il y ait un certain sourire qui cache beaucoup de choses. Il paraît abstrait, c'est l'homme sérieux, l'homme aux livres, etc. Mais Érasme n'est pas seulement l'homme du concept, à supposer qu'il le soit parfois. Il est essentiellement celui qui veut voir dans la nature humaine, dans sa globalité, et notamment dans ce trésor des passions, l'élément moteur des actes de l'homme. Autrement dit, il n'y a pas d'opposition entre passion et raison. Nous sommes assez loin de Descartes et du XVIIe siècle. Pour lui, les choses les plus importantes et les plus intellectuellement valables ont été suscitées par la passion. C'est ce que son ami et adversaire néerlandais, Martin Dorpius, n'a pas compris : « Érasme, tu as fait un *Éloge de la Folie*, tu devrais peut-être écrire un *Éloge de la Sagesse.* » Mais ce n'est pas la peine, puisque l'éloge de la Folie, comme on l'a vu, est ici l'éloge de la Sagesse. C'est toute la portée du paradoxe érasmien. Je dirais même que, au risque d'user d'un néologisme, l'esprit « paradoxique » d'Érasme constitue sa modalité essentielle.

R. E. : *Éloge de la Folie* est donc un éloge de la Sagesse, alors que l'inverse n'est pas vrai…

J.-C. M. : Tout à fait. Le paradoxe n'est pas seulement ce qui va *contre* l'opinion courante. Le paradoxe est, si on se réfère à l'étymologie de la préposition grecque – *para,* qui veut dire « à côté » –, un chemin qui va *à côté* du chemin. Autrement dit, c'est un doublet décodé, un doublet qui chemine. Et on le saisit bien, même si certains esprits un peu étroits et un peu faux ne le comprendront pas : on peut dire une chose, et un « à côté » qui n'est pas son contraire. C'est ce que Moria fait sans cesse.

R. E. : Justement, Moria s'oppose-t-elle à ses adversaires ? Je pense notamment aux stoïciens, à qui Moria fait bien souvent un sort.

J.-C. M. : Bon exemple...

R. E. : Alors, s'oppose-t-elle à ses adversaires ou bien propose-t-elle autre chose ? Est-ce qu'en somme la *stultitia*, prenons le mot latin, qui désigne en latin l'équilibre instable, est-ce que ce flottement qui correspond à la folie s'oppose terme à terme à l'*euthymia* grecque, à la stabilité, à la pratique de soi, à cette assiette stable de l'âme que Sénèque appelle « tranquillité » ? Est-ce qu'elle s'y oppose terme à terme, ou est-ce qu'elle lui propose plutôt une sorte de chemin de traverse, comme un milieu, un écosystème où l'on serait incapable de trouver une fixité entre activité et indolence, telle une alternative finalement ?

J.-C. M. : Je suis très heureux de votre allusion aux stoïciens, parce qu'à plusieurs endroits Stultitia s'en prend à Sénèque, qui était pourtant l'un des auteurs favoris d'Érasme, mais Stultitia n'est pas Érasme. Sénèque sévère, austère, les stoïciens qui ne savent pas vivre ou qui vivent d'une façon étriquée, ce n'est pas du tout la vision qu'en a Érasme, qui pour sa part a été profondément influencé par les stoïciens, tel Platon. Stultitia parle à un moment en termes atones de Platon, alors que, pour Érasme, Platon, au moins le Platon socratique, est un modèle. Je me demande même si Érasme ne s'est pas contraint à dire des choses qu'il ne pensait pas. Mais il savait très bien que la Folie se rattraperait, puisqu'à la fin il n'est plus question des sectes dont elle se moque, et dont il se moque aussi. Érasme ne voulait même pas entendre parler d'érasmisme, il ne savait pas ce que c'était. C'est alors que le christianisme va faire son apparition. Ce que j'aimerais dire également – pour revenir à mon caméléon, (cette fois-ci je vais utiliser une autre formule que j'emprunte à mon ami Michel Jeanneret, auteur d'un très beau livre intitulé *Perpetuum mobile*[1], le mouvement perpétuel) – c'est qu'il y a dans l'*Éloge de la Folie,* du commencement à la fin, un mouvement, une évolution

1. *Perpetuum mobile. Métamorphoses des corps et des œuvres de Vinci à Montaigne*, Éditions Macula, 1997.

extraordinaire, tout le monde est transformé. On assiste à une métamorphose de la Folie, de ses auditeurs, peut-être même de ses lecteurs, et cela de la première à la dernière ligne. Au début, on peut dire qu'Érasme et la Folie sont assez proches. Érasme a beaucoup d'humour, il aime les jeux de mots. Il a aussi été influencé par la fête des fous, par le carnaval et autres divertissements populaires. Sur ce point, je voudrais quand même m'écarter un peu de l'interprétation intéressante, mais à mon avis incomplète, de Bakhtine...

R. E. : Mikhaïl Bakhtine.

J.-C. M. : Oui, Mikhaïl Bakhtine, l'écrivain soviétique, auteur d'un livre sur Rabelais et la culture populaire[1]. Il insiste essentiellement et presque totalement sur cette influence, et il faut dire que les dessins d'Holbein ont pu aussi y contribuer. Mais ce n'est qu'un élément. Également une autre position, celle d'un auteur qui est un ami et que j'admire beaucoup pour toute son œuvre, un Anglais, Michael Screech, qui dans son livre *Ecstasy and the Praise of Folly*[2], attache une importance extrême et quasi unique aux der-

1. *L'Œuvre de François Rabelais et la culture populaire au Moyen Âge et sous la Renaissance*, Gallimard, 1970 (original en russe, Moscou, 1965).
2. *Érasme, l'extase et l'« Éloge de la Folie »*, Fleurus, 1991.

nières pages, à cette folie de la croix, où les convertis sont tous devenus mystiques. Le bon peuple qui écoutait est devenu un peuple de parfaits chrétiens, au sens paulinien ou érasmien.

R. E. : Revenons à l'*Éloge de la Folie.* On a commencé cette réflexion sur la folie avec Michel Foucault. Celui-ci faisait la généalogie des procédures d'internement en expliquant qu'il y avait, derrière l'alibi de la connaissance, quelque chose qui relevait d'une volonté de pouvoir et de domination, pour le dire très rapidement. Dans l'*Éloge de la Folie,* on a une sorte de « retour de bâton », comme si Érasme répondait à l'avance à ce que Foucault décrit à l'âge classique, au XVIIe siècle, c'est-à-dire le moment où Érasme explique que la Folie a le pouvoir sur la raison et que c'est elle qui lui dicte ses comportements. En témoigne le texte suivant :

> « Mais il est temps maintenant, à la façon d'Homère, de quitter les dieux pour revenir sur terre et constater qu'il n'y a ni joie ni bonheur sans mon patronage. Voyez d'abord avec quelle prévoyance la nature, mère et créatrice du genre humain, a pris garde à ce que ne manque nulle part l'assaisonnement de la folie ! Et comme la sagesse, selon la définition des Stoïciens, consiste à prendre la raison pour guide, et la folie, au contraire, à se laisser ballotter au gré des passions, pour que la vie des hommes ne soit pas entièrement

triste et maussade, Jupiter leur a donné beaucoup plus de passions que de raison, dans la proportion d'un as pour une demi-once. De plus, il a relégué la raison dans un coin étroit de la tête et abandonné tout le reste du corps aux passions. Ensuite, à la raison toute seule, il a opposé pour ainsi dire deux tyrans très violents : la colère, qui tient la citadelle de la poitrine, et même la source de la vie qu'est le cœur, et la concupiscence qui étend largement son empire, jusqu'au bas du pubis. Ce que peut la raison contre ces deux forces réunies, la vie courante des hommes le montre assez, puisqu'elle n'a que le pouvoir de protester jusqu'à s'enrouer et répéter les préceptes de la morale ; mais en réponse ils envoient à leur reine la corde pour se pendre et la couvrent d'injures jusqu'à ce que, fatiguée à son tour, elle abandonne et capitule[1]. »

La Folie explique que « Jupiter a relégué la raison dans un coin étroit de la tête et abandonné tout le reste du corps aux passions ». C'est-à-dire que, cette fois-ci, ce n'est plus la raison qui enferme tout dans les catégories qui sont les siennes, c'est la raison qui est maintenue en respect, notamment par la colère et la concupiscence, qui sont bien plus fortes qu'elle. On assiste à un renversement anticartésien avant l'heure, une façon de revenir – c'est étonnant la philosophie, on a l'impression que le temps

1. *Éloge de la Folie et autres écrits*, *op. cit.*, chap. XVI, p. 68.

n'existe pas – sur les arguments qui seront ceux des rationalistes du XVIIe siècle.

J.-C. M. : Je dirais encore que c'est *Stultitia* qui parle. Je sais bien qu'Érasme s'amuse, les éléments humoristiques sont tout à fait évidents. D'ailleurs, il en est parfaitement conscient puisque, plus tard, pour se justifier auprès de ses adversaires, il dira : « Oh, c'est une amusette, je l'ai d'ailleurs complètement oubliée, ne faites pas attention ! » Or, le même Érasme a dit également que dans l'*Enchiridion,* ce « Manuel d'un soldat du Christ », ouvrage d'un christianisme sans faille qui date de 1503, c'est la même chose, mais « je l'ai dit autrement ». Dans un passage de l'*Éloge,* Moria cite Euripide (un vers de sa pièce *Bacchus*), cet auteur si prisé d'Érasme, qui avait traduit en latin dès 1507 deux de ses tragédies, vers qui correspondent terme à terme à l'adage 98 de notre humaniste, « *Stultus stulta loquitur* » (« le fou dit des folies »). Mais écoutons Moria : « Tout ce que le simple d'esprit a dans le cœur, il le montre sur son visge et l'exprime dans ses paroles. Mais les sages, eux, ont deux langues, comme le rappelle encore Euripide : avec l'une, ils disent le vrai, avec l'autre ce qu'ils jugent opportun. Ils savent changer le noir en blanc, souffler de la même bouche le froid et le chaud, avoir une pensée au cœur et en feindre une tout autre en parole. » En ce qui concerne la dernière phrase, je crois que cette idée est essentielle, à savoir que la vérité a un aspect absolu, radical, que l'on ne saurait maîtriser mais vers lequel il s'agit de s'acheminer ; et puis, selon les circonstances ou les modalités, selon le *decorum*, il faut savoir s'accommoder d'une « vérité » relative et imparfaite.

R. E. : Est-ce que la franche subversion de l'éloge érasmien de la folie ne vient pas aussi du fait qu'entre la façon dont la Folie inclut la Sagesse dans ses catégories et la façon dont la Sagesse exclut la Folie tout en l'incluant comme un animal à dompter (voir ce que Foucault en dit), il y a l'opposition entre la franchise d'un côté et la vérité de l'autre ?

J.-C. M. : Bien sûr. Cet *Éloge de la Folie* est une exaltation de la liberté, non pas d'une liberté révolutionnaire et sans contrainte, mais d'une liberté très réformiste.

R. E. : Quand vous dites « réformiste », il faut l'entendre au sens de la Réforme...

J.-C. M. : On peut le dire, à condition de ne pas dogmatiser ou radicaliser la Réforme... N'oublions pas que, jusqu'à une époque très avancée, avant la rupture définitive de Luther avec Rome, son excommunication et sa mise au ban de l'Empire (1521), Érasme était assez proche de l'ancien moine augustin et de sa conception d'un christianisme intérieur ; et il a fallu qu'on lui « tape sur les doigts » pour qu'il s'oppose à lui, ce qu'il ne fera pas (et encore avec modération) avant 1524, avant son *Traité du libre arbitre.* Mais cela est une autre histoire. Ce que combat Érasme, ce sont les faux-semblants, particulièrement détestables à ces yeux en matière de religion, et il l'applique dans un Adage merveilleux, que j'ai traduit et commenté il y a quelque temps, intitulé *Les Silènes d'Alcibiade…*

R. E. : … où Socrate accepte lui-même d'être désigné comme un Silène, c'est-à-dire laid à l'extérieur et plein de joyaux à l'intérieur.

J.-C. M. : … Ce qu'Érasme a toujours combattu, et dans ses écrits les plus sérieux, les moins « fous », dans ses écrits théologiques, dans ses commentaires, non seulement de la Bible, mais dans ses commentaires d'auteurs anciens, c'est le débat entre apparence et réalité. Au fond, ce que la Folie découvre, c'est le personnage : on se cache derrière ses vêtements, on possède des titres ronflants – dans de nombreux textes tout à fait amusants, il passe au crible tous ces titres très honorables à propos desquels on se bat sur quelques lettres mais dont on oublie l'esprit. C'est assez piquant, parce qu'Érasme, en tant que philologue et philologue bibliste, même s'il ne connaissait pas très bien l'hébreu, s'est lui-même servi de ces examens minutieux et il sait très bien que le débat sur quelques lettres, ne serait-ce que le nom de Jésus en hébreu, est extrêmement important pour l'exégèse biblique. Mais Moria est au-dessus de ces considérations savantes, elle n'y voit que du temps perdu, sans parler de ces curiosités scandaleuses. Ce qui me paraît important c'est que, pour Érasme, ces fous, même les plus extrêmes, ne sont pas des pécheurs. La différence est réelle entre un texte comme l'*Éloge de la Folie* et un texte un peu antérieur, mais encore très médiéval, *La Nef des fous* de Sébastien Brant, où les fous sont condamnés. Il y a de petits et de grands pécheurs, de petits et de grands péchés. Il y a le fou qui époussète avec un plumeau des livres, énormément de livres, qu'il n'aura jamais le temps de lire. Et puis il y a le fou qui ose proclamer que Dieu n'existe pas...

R. E. : Revenons à ce que vous disiez des médailles. C'est la même affaire. Tous ces honneurs divins rendus à des gens qui ne méritent pas même le nom d'homme, toutes ces apothéoses publiques en faveur des tyrans les plus odieux, toutes ces choses, disent les philosophes, ne sont-elles pas autant de folies ridicules dont on ne saurait assez se moquer ?

J.-C. M. : Exactement. Ce qui n'empêche pas Érasme, mais en tant que déclamateur, de faire allusion à un sophiste, Polycrate, qui a fait l'éloge de Busiris, un affreux tyran. Autrement dit, il joue constamment en s'abritant derrière la rhétorique. C'est ce qui agaçait au possible ses adversaires car il joue constamment sur l'idée : « C'est une déclamation, je ne pense pas ce que je dis », alors qu'en réalité il n'y a pas une ligne de l'*Éloge de la Folie* qu'Érasme ne pense pas ou n'essaie de tourner à sa manière. Et n'oublions pas la dernière pirouette de la Folie : « Pas de conclusion, je suis femme, j'ai trop parlé et j'ai oublié tout ce que j'ai dit. Ne faites donc pas attention. »

R. E. : Cette amnésie finale de la Folie, le fait qu'à la fin de son discours elle en ait oublié le début, me rappelle Cioran qui déclare, à la fin de son *Précis de décomposition*, qu'« un livre qui après avoir tout détruit ne se détruit pas lui-même nous aura exaspérés en vain ». Est-ce que la fausse péroraison de l'*Éloge de la Folie*, la façon dont la Folie quitte la scène en oubliant ce qu'elle vient de nous dire, ne donne pas raison à Foucault qui présente la folie comme un « agir sans trace », une façon de ne pas laisser de trace à la surface du monde, ou mieux de ne pas s'inquiéter de la trace qu'on peut y laisser ?

J.-C. M. : Cela me paraît vrai et même, malgré cette évolution ou ce progrès dont j'ai parlé, cela rejoint aussi le début, lorsque la Folie fait sa généalogie, qu'elle parle de ses suivantes et qu'elle fait l'éloge de ce qu'on peut appeler un pays de cocagne, ce sont les Îles Fortunées, pour rester dans l'atmosphère grecque...

R. E. : C'est son lieu de naissance, elle est née dans les Îles Fortunées...

J.-C. M. : Et son père n'est pas Jupiter, le père des dieux et des hommes, c'est Ploutos, l'Argent ; et sa mère, c'est la Jeunesse...

R. E. : ... Elle est donc fille de Jeunesse et d'Argent.

J.-C. M. : Et dans les Îles Fortunées, comme dans les pays de cocagne, c'est bien connu, il y a abondance de boisson, de mangeaille, le sommeil vingt-quatre heures sur vingt-quatre, et on oublie tout, car le fait de se souvenir n'est pas bon pour la santé. On ne peut pas dire qu'Érasme soit partisan de ce genre de vie, mais enfin par cette pirouette dont je parlais, Folie rejoint cette idée qu'elle a tout oublié. Maintenant elle a fait son travail, Érasme a achevé le sien (en quelques jours nous dit-il), à ses adversaires de le juger (ou de la juger). Il faut quand même dire que lorsqu'il a été lu par ses amis – parce que, finalement, l'*Éloge de la Folie* est un ouvrage écrit en latin, qui n'a été vraiment lu et compris, ou mal compris, que par une minorité d'humanistes européens –, il a éprouvé le besoin, en 1515, de demander à son ami Gérard Lister, ou Listrius, un médecin hollandais (mais Érasme regardait sur son épaule), des commentaires destinés à mettre les choses d'aplomb. Mais ces commentaires, en tant qu'érasmien, me gênent un peu. Je les apprécie pour l'érudition qu'ils représentent, mais je pense que les sous-entendus sont souvent des malentendus, de véritables « surentendus » pour ceux qui connaissent un peu Érasme... Il ne faut pas lire seulement l'*Éloge de la Folie,* il faut connaître aussi suffisamment le XVIe siècle, parce qu'on ne peut pas vraiment comprendre ce texte si l'on est trop éloigné de l'humanisme, et notamment de l'humanisme chrétien.

R. E. : Texte qu'on peut également comprendre à la faveur de ce qu'il a inspiré. L'*Éloge de la Folie* fait entendre (avant Spinoza) que les hommes se croient libres dans la mesure où ils ignorent qu'ils sont agis par une puissance supérieure à eux, et que les hommes ne sont jamais aussi fous que lorsqu'ils croient agir selon la raison. Par ailleurs, l'*Éloge de la Folie* donne constamment le sentiment que le monde entier est une scène de théâtre. C'est à dessein que je cite cette phrase...

J.-C. M. : ... de Shakespeare, sans doute...

R. E. : ... le monologue de Jacques le Mélancolique, dans *Comme il vous plaira* (*As You Like It*), où Jacques dit : « Le monde entier est une scène de théâtre, les hommes et les femmes ne sont que des acteurs, ils ont leurs entrées et leurs sorties », etc., Puis Jacques le Mélancolique décline les sept âges de la vie, et termine en parlant de cette vieillesse, de ce quatrième âge où les vieillards se mettent à ressembler aux enfants, dans un état d'oubli profond où l'homme se retrouve sans dents, sans yeux, sans goût, sans rien. Or, justement, dans l'*Éloge de la Folie,* on trouve l'idée que plus les hommes deviennent vieux, plus ils ressemblent à des enfants, jusqu'à ce qu'enfin ils sortent de ce monde tels de véritables enfants, sans dégoût de la vie et sans crainte de la mort. C'est très proche du texte de Shakespeare, quasiment identique...

J.-C. M. : Sur cette image ou ce *topos* du théâtre, de la scène ou des hommes-acteurs, on peut songer, bien avant Shakespeare et Érasme, aux stoïciens de l'Antiquité qui s'en servent souvent (comme Érasme le savait évidemment, ne fût-ce que comme lecteur et traducteur de Lucien et de son *Icaroménippe,* ou même encore comme admirateur, traducteur et commentateur de saint Jean Chrysostome et de son Homélie sur Lazare). Mais écoutons plutôt Moria : « Toute la vie des mortels, est-ce autre chose qu'une pièce de théâtre où chacun s'avance masqué, et y joue son rôle jusqu'à ce que le chorège l'incite à sortir de la scène ? » Elle avait affirmé un peu plus haut : « Si en pleine représentation, quelqu'un essaie d'enlever leur masque à des acteurs pour montrer aux spectateurs leur vrai visage au naturel, ne gâche-t-il pas toute la pièce ? Et ne mérite-t-il pas qu'on le chasse du théâtre à coups de pierre... ? » Et voici le maître mot de la si sage Folie, que l'écrivain, auteur de colloques (ces petites pièces de théâtre) prendrait bien volontiers à son compte : « Effacer l'illusion, c'est détruire la pièce[1]. »

R. E. : ... La Folie dit encore : « La vie ? Une espèce de comédie continuelle, dans laquelle le chorège fait souvent jouer au même acteur des rôles opposés, et tel qui paraissait un jour sous la pourpre d'un roi, paraît maintenant sous les haillons d'un petit esclave... Certes, tout est travesti, mais la comédie de la vie ne se joue pas autrement[2]. »

J.-C. M. : Ce texte d'Érasme est l'évidence même, l'*Éloge de la Folie* a été assez rapidement traduit en anglais également, et...

R. E. : ... il n'est donc pas douteux que Shakespeare s'en soit inspiré...

J.-C. M. : ... sans aucun doute, parce que, même si ce sont des idées assez générales, connues depuis l'Antiquité, elles ont quand même été répandues par Érasme. En tout cas, le rapprochement que vous avez fait avec ce très beau texte, bien connu

1. *Éloge de la Folie et autres écrits*, *op. cit.*, chap. XXIX, p. 80.
2. *Ibid.*, p. 80.

également, me paraît évident. Je crois qu'il y aurait tout un travail à faire là-dessus, pas seulement universitaire, il faudrait y mettre un petit peu d'humour et de légèreté, mais on peut être universitaire et ne pas négliger cette modalité...

R. E. : Pour cela, il faut être un peu fou, Jean-Claude Margolin.

J.-C. M. : Oui, si je n'étais pas un petit peu fou, je n'aurais pas pris Érasme comme compagnon de vie depuis plus d'un demi-siècle, et je l'aurais abandonné depuis longtemps. Comme je l'avais fait quand j'avais quatorze ou quinze ans et que j'avais essayé de lire l'*Éloge de la Folie*. Au bout de la quinzième ou seizième page, je l'avais laissé tomber, parce que cette érudition écrasante me paraissait ennuyeuse comme la pluie.

R. E. : Ce qui est également intéressant dans ce texte, c'est cette parenté évidente, j'allais dire constante, qui soulage de l'érudition, qui la rend digeste, cette parenté permanente entre folie et gaieté. Pourtant, elle recouvre des enjeux majeurs, puisque avec les vêtements d'apparat des individus, les titres, les médailles et les récompenses, la folie a la vertu de nous montrer le réel dans sa nudité.

J.-C. M. : Dans son extravagance, la folie efface tous les faux-semblants, et cela me paraît caractéristique. Érasme a pu changer, il a pu évoluer, mais dans toute son œuvre il y a une expression latine que j'aime bien employer, c'est le terme de *jocoseria,* les choses à la fois sérieuses et plaisantes, le tout étant dans la manière, car, encore une fois, Érasme n'a pas fait de discours philosophique. Je pense qu'il est un philosophe, même s'il figure trop modestement dans les histoires de la philosophie ; mais si philosophe il est, je crois qu'il est un philosophe de l'existence, et non un philosophe du concept. Dans l'*Éloge de la Folie,* il n'y a aucun développement de huit ou dix lignes qui définirait conceptuellement ce qu'est la Folie.

R. E. : Est-ce qu'Érasme se représente l'*Éloge de la Folie* comme une bagatelle, un peu comme Thomas More se représentait l'*Utopie,* ou bien est-ce au contraire une affaire extrêmement sérieuse pour lui ? S'agit-il en somme de parler légèrement des choses graves ou bien, tout simplement, de prendre, un instant, un chemin de traverse ?

J.-C. M. : Les deux à la fois, je pense, selon la teneur de ce *jocoserium* dont je parlais il y a un instant. Dans l'élaboration de l'*Éloge de la Folie,* c'est au retour d'Italie dans les Alpes, sur son cheval, qu'il aurait médité ce projet, puis réalisé sa mise en écriture, chez son grand ami Thomas More en sept jours nous dit-il... dans sa belle maison londonnienne de Bucklersbury. N'oublions pas qu'en 1515, Johann Froben, le grand éditeur bâlois, publie sous une même couverture l'*Utopie* de Thomas More et l'*Éloge de la Folie*. Il y a donc là une association personnelle et littéraire. Ils se sont amusés à traduire et à commenter Lucien : c'était un vrai plaisir, chacun frisant sa traduction avant de comparer les deux textes. Par exemple, ils ont commenté le *Tyrannicide* de l'auteur grec Lucien : la meilleure manière de lutter contre un tyran, ce n'est pas de le tuer, mais de tuer son fils, parce qu'en tuant son fils, ce sera plus facile de l'atteindre, il sera tellement désespéré qu'il se suicidera. On ne peut pas dire qu'Érasme le pensait profondément, il n'a jamais eu un poignard entre les mains, même si *enchiridion* signifie « poignard », mais c'est un poignard symbolique. Il aime bien jouer sur les mots, comme on l'a vu. *Enchiridion* c'est le manuel et, en même temps, c'est le poignard qu'on tient dans sa main pour se défendre contre le diable et les attaques de ses ennemis.

R. E. : L'ambivalence de l'*Enchiridion*, on la retrouve à propos du *Manuel* d'Épictète, le stoïcien. Revenons d'ailleurs sur ce que nous disions des stoïciens. Quel rapport Érasme entretient-il avec eux ? Est-ce qu'il les réduit à l'austère figure du sage qui, sans indulgence pour ses semblables, n'est content que de lui-même, qui se croit le seul riche, le seul saint, le seul libre ?

Ou bien, est-il plus proche des stoïciens que la Folie ne semble le dire ?

J.-C. M. : Il est effectivement proche des stoïciens. Pour lui, le stoïcien idéal, mais il n'a jamais existé, c'est le stoïcien christianisé, les stoïciens qui ont pu rencontrer – mais évidemment l'époque ne s'y prêtait pas – le christianisme. Il serait plus proche de Cicéron. On ne peut pourtant pas dire que Cicéron ait été stoïcien, pourtant…

R. E. : … ni chrétien, d'ailleurs.

J.-C. M. : Bien sûr, mais il avait beaucoup de sympathie pour l'école stoïcienne, qu'il essayait de concilier avec l'école épicurienne et l'école académique afin de parvenir à la constitution d'une morale pratique, qui n'aurait pas déplu à Érasme. C'est vrai qu'il essaie d'enrôler avec prudence (et par personnages interposés) dans son christianisme humaniste des figures de l'Antiquité que les historiens classiques et professionnels laisseraient plus clairement à leur place chronologique… Mais enfin, dans son *Banquet religieux*, il ne peut pas s'empêcher de faire s'écrier Nephalius, l'un des dix personnages du colloque : « En lisant les paroles de Socrate à Criton, je dois me retenir pour ne point m'exclamer : "Saint Socrate, priez pour nous !" » Le même Érasme a aussi écrit dans l'*Enchiridion :*

« *Monachatus non est pietas* », en séparant nettement par son adverbe de négation la piété de l'état de moine. Un tollé n'a pas manqué de se déclencher aussitôt chez ses adversaires : « C'est scandaleux ! Comment un moine ne serait-il pas pieux ? La piété n'est-elle pas leur raison d'être ? » En fait, cette proposition énergique voulait dire, toujours selon sa science philologique, victorieuse des ambiguïtés, mais marquée de cet humour malin auquel il a habitué ses lecteurs et un petit nombre de ses amis : l'état de moine n'est pas une garantie absolue de piété. Autrement dit : « Il y a des moines pieux, mais d'autres qui ne le sont pas. Comme il y a des laïques qui sont pieux, voyez mon ami Thomas More, et d'autres qui ne le sont pas. » Tout Érasme est là, dans cette ambivalence, que j'admire pour ma part, alors que ses adversaires l'ont appelé « l'homme au double visage ».

Table

Photocomposition Nord Compo
Villeneuve-d'Ascq

Pour l'éditeur, le principe est d'utiliser des papiers composés de fibres naturelles, renouvelables, recyclables et fabriquées à partir de bois issu de forêts qui adoptent un système d'aménagement durable.
En outre, l'éditeur attend de ses fournisseurs de papier qu'ils s'inscrivent dans une démarche de certification environnementale reconnue.

Cet ouvrage a été imprimé
par CPI Firmin-Didot
Mesnil-sur-l'Estrée
pour le compte des Éditions Fayard
en septembre 2011

N° d'édition : 36-10-2687-6/01 - N° d'impression : 106393
Dépôt légal : octobre 2011
Imprimé en France